U0946394

中国古典诗词名家菁华赏析

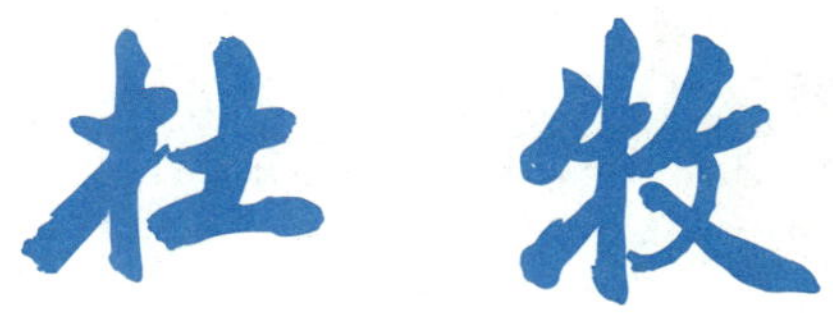

杜牧

马玮　主编

商务印书馆国际有限公司

主编：马　玮

编委（按音序排列）：

曹晨曦　方周立　胡连彬　马佳明　马静婉
马　骎　马　玮　南　方　徐　斌　杨二宁
杨　芳　杨　敏　张　一

责任编辑：解洪科

责任校对：陈桂杰

总　　目

凡　例

一、本书选取唐代诗人杜牧不同时期不同风格的代表性诗83首。

二、所收诗以《全唐诗》为底本，同时参考其他版本。

三、所收诗按照创作年代的先后顺序排列。

四、正文前撰有杜牧简介，内容涉及诗人的生卒年、名号、籍贯、主要仕历或人生经历、创作经历、创作特点、他人评价或在文学史上的地位等。

五、诗原文后列有对一些难解字词、生僻字、历史词、方言词、古地名、出典、重要事件等的注释。

六、每首诗都设有题解，内容包括诗的类型、写作背景（或人物关系）、思想内容以及其他需要交代的内容等。

七、每首诗都有赏析，主要阐述诗所蕴含的文学性和思想性，对于比较难懂的诗，一般有逐句翻译式的串讲，有名句的，大都给予点出。

八、一般对一首诗撰写一篇赏析文字，某些内容联系紧密的组诗，也有合撰一篇的情况。

九、本书使用简化字和现代汉语标点，在可能有歧义时，酌用繁体字或异体字。

十、行文中涉及古代年份，一般用旧纪年，其后括注公元纪年，“年”字从略。

十一、行文中如涉及与今地名不一致的旧地名时，在旧地名后括注今地名或其归属地。

序

梁　静

“中国梦”，这个富于诗意的名词，激发了国人对于未来的美好憧憬。这一梦想承载着每个华夏子孙的使命与担当，寄托着无数神州儿女的未来与希冀。中国梦更是面向未来的事业，需要一代又一代青少年励志成长成才，矢志逐梦圆梦，努力让美丽青春焕发绚丽光彩！

实现美丽的中国梦，必须走中国道路，弘扬中国精神，凝聚中国力量。在中华民族五千年悠悠文明史中积淀的优秀传统文化，无疑是凝聚民族精神的思想内核。一代文学大家巴金曾说：“我们有一个丰富的文学宝库，那就是多少代作家留下的杰作，它们教育我们，鼓励我们，要我们变得更好，更纯洁，更善良，对别人更有用。文学的目的就是要人变得更好。”这座文学宝库中，唐诗宋词等闪耀着瑰丽光芒的奇葩，历千年而不朽，给世人以丰润的精神滋养：这里有杜甫“穷年忧黎元，叹息肠内热”的忧国忧民的伟大情怀；有李白“仰天大笑出门去，我辈岂是蓬蒿人”的自我肯定；有王维“行到水穷处，坐看云起时”的随缘自适；有李商隐“春蚕到死丝方尽，蜡炬成灰泪始干”的无私奉献；有苏轼“莫听穿林打叶声，何妨吟啸且徐行。竹杖芒鞋轻胜马，谁怕，一蓑烟雨任平生”的淡定、旷达。每每读之，掩卷沉思，这些诗词不仅给我们带来了唯美的精神享受，帮我们构筑起永恒的精神家园，同时，让我们的人生变得更加诗意。

众所周知，文学即是人学。无论是文学创作，还是文学阅读，出发点与归宿都是“人”，是人的心灵，人的情感，人的精神。“古人为诗贵于意在言外使人思而得之”（司马光语）。对于正处在接受德育、修养品性最佳年龄段的青少年来说，大量阅读唐诗宋词等经典作品，不仅能够让他们突破时空的限制，与千年之远、万里之外的人、生物乃至宇宙的一切生命进行对话，进行思想的沟通与心灵的交流；而且能够让他们从中汲取丰富的精神养料，以此陶冶性情与提高修养；同时，还能够让他们从先贤的境遇中学会如何面对人生，解决人生的种种问题，最终成长为具有美丽心灵的健全的“人”。

此外，大量阅读经典也能够让青少年对汉语的魅力有更深刻的感受。汉语是世界上最精炼的语言文字，唐诗宋词将汉语的这种优势发挥得淋漓尽致。在这些文学大师的笔下，语言就像是被赋予了生命一般，富有灵气，蕴藉深邃。

随着“国学热”“汉语热”的回潮，以凝聚着民族和时代精神的“文学名作”为主体的大量青少年课外读本被开发、推广。商务印书馆国际有限公司出版的这套中国古典诗词名家菁华赏析丛书，首批十本，分别选取了唐代开宗立派的诗人，如王维、李白、杜甫、白居易、杜牧、李商隐，以及宋代成就卓著的词人，如柳永、苏轼、李清照、辛弃疾。每本选取一位诗词大家的具有代表性的作品百篇左右，在尽可能尊重原作意旨的基础上，深层地赏析与阐发；同时，简单介绍作品的创作背景，做到知人论世。至于诗作版本方面，则择善而从，一般不做校勘说明。

这套书应时而出，定会对广大青少年提高审美鉴赏能力、提升思想境界起到积极的作用。

杜牧简介

杜牧（803—852），字牧之，号樊川居士。晚唐京兆万年（今陕西西安）人，著名诗人。二十三岁写《阿房宫赋》，名扬天下，二十六岁高中进士。后官至黄州、池州、睦州刺史，吏部员外郎，终年五十岁，著有《樊川文集》。

杜牧的家世非常显赫。从征伐频仍、动荡不安三国的股肱之臣到由盛转衰、战乱不休的大唐的忠义名臣，杜牧的家族在六百多年的中国历史上，有着重要的影响和功绩。

杜牧的祖上杜畿对曹操的征讨天下有着重大的贡献，曾先后被任命为护羌校尉、河东太守、司隶校尉和尚书仆射等职，受封为丰乐亭侯，其子杜恕也因为荫庇和功劳官至幽州刺史。杜恕的儿子杜预，更是西晋著名的政治家、军事家和学者。

杜牧的曾祖父杜希望，是唐玄宗时边塞名将，曾任鄯州（治所在今青海乐都）都督，立有军功。杜牧的祖父杜佑，更是唐代著名的政治家、理财家、史学家。杜佑从唐玄宗到宪宗，历仕六朝，出将入相，显赫非凡。从地方小吏做到封疆大吏，从流转中央各部做到当朝宰相，先后任德宗、顺宗、宪宗三朝宰相，还曾亲临军旅，指挥平定徐淮等地叛乱，著有《通典》。《通典》是中国第一部记述典章制度的通史，为研究中国历代典章制度提供了很大的方便。杜牧的父亲杜从郁，则担任过太子司议郎、左拾遗、秘书丞等要职。

显赫的家族使得杜牧拥有良好的政治背景，并受到了良好的教育，但这样的家族荣耀或许也成为才华横溢的杜牧在建功立业不成之后痛苦的重要根源，无法光宗耀祖，更无法像祖上那样为国家效力。

杜牧在参加科举考试之前，侍郎崔郾到东都洛阳主持进士科考试，百官在长安城郊为其饯行。柳宗元的挚友太学博士吴武陵，也骑着毛驴来凑热闹。崔郾素来敬仰吴老，连忙迎接。吴武陵对崔郾说："我为你推荐一个贤士。不久前，太学生们都在传诵并议论一篇文章《阿房宫赋》，今天仓促没能带来作品，我为你吟诵下，为了大唐江山，您务必将此作的作者——杜牧录为进士。"听完之后，主考官崔郾拍案叫绝，赞叹不已，杜牧最终没有辜负吴武陵和崔侍郎的厚望，得中进士。

因为朝廷内部的朋党斗争和整个大唐走向没落的必然趋势，杜牧的仕途变得非常的坎坷，也很难拥有更高的地位来实现自己救国救民的远大志向，宦海的沉浮、人生的动荡，让杜牧变得更加的抑郁难平。杜牧的做官历程遍布黄河和长江南北，这样的仕途体现了杜牧在朝廷身不由己的命运，同时也极大地开阔了他的文学视野，增强了他对晚唐社会更加全面深刻的了解和体会。

根据相关的文史资料，杜牧的诗歌创作主要集中在唐文宗大和年间——也就是杜牧 30 岁左右，直到大中六年（杜牧卒年）。作品的风格多样，成就巨大，写景状物，表现祖国春夏秋冬美丽的自然风光：因为大唐江南城市经济的繁荣和富庶，杜牧的诗歌中也有大量描写城市精彩生活的作品，然而这些作品所表现的更多的是繁华即将化为烟云的忧虑以及由此引发的对唐朝命运的痛苦和焦虑；因为晚唐朝廷的黑暗，打击排挤的残酷，杜牧的远大抱负和治国方策不得不谨慎小心地表露，加之杜牧深厚的历史文化积淀，也造就了杜牧在怀古和咏史诗方面的巨大影响。

在《郡斋独酌》中杜牧写道："岂为妻子计，未去山林藏。平生五色线，愿补舜衣裳。……"杜牧才华横溢，满怀匡扶社稷的壮志，他研究过《孙子兵法》，并颇有造诣；他谙熟历史，为朝廷进谏。然而大唐早已不再清明，政治黑暗，吏治腐败，藩镇割据争斗，朝臣尔虞我诈，末世的混乱和腐朽，最终不能让杜牧施展才华，实现抱负。

美酒排遣着杜牧内心的苦闷，也让他更加痛苦，因为酒醒后仍然是无可奈何让他身心交瘁的乱世，"乞酒缓愁肠""得醉愁苏醒"的诗句鲜明地体现了这种情怀。

风流让杜牧的人生和名望有了些许瑕疵，然而游历青楼的肤浅快乐，其实也是杜牧对大唐前途忧心忡忡却又无可奈何，只能风流浪迹、遗忘苦闷的排遣而已：“十年一觉扬州梦，赢得青楼薄幸名。”

大好河山让杜牧满怀济世的激情，也承受着抑郁不得志的苦闷，然而无论如何，杜牧的写景佳作的确脍炙人口，美不胜收：“千里莺啼绿映红，水村山郭酒旗风。”“远上寒山石径斜，白云深处有人家。停车坐爱枫林晚，霜叶红于二月花。”

内忧外患的唐帝国，让杜牧忧国忧民的情感痛苦万分，杜牧临死之前，闭门在家，收集整理生前所作诗文，仅留下十之二三，其余则毁弃不留。

杜牧死后不久，各地的农民起义就风起云涌、如浪如潮，五十年之后，中国历史上五代十国的纷乱就拉开了序幕。

目　次

惜　　春

春半年已除①，其馀强为有②。
即此醉残花③，便同尝腊酒④。
怅望送春杯⑤，殷勤扫花帚⑥。
谁为驻东流⑦，年年长在手。

> 注释

①除：流逝，过去。
②馀：同“余”，余下的。强：勉强。
③即：介词，就在（某时某地）。
④腊酒：腊月酿制的酒。指腊月（农历十二月）里自酿的米酒。腊酒在开春后饮用，外表显得有些浑浊，但是它有着名酒般的醇美。
⑤怅望：惆怅地望着，或者解释为怅惘地看着。
⑥殷勤：情义深重地。
⑦驻：阻止，阻拦。东流：东去的流水，这里以其比喻不停地消逝的时间。

> 题解

颂春是古典诗歌的传统主题，美好的风光象征人生的大好青春年华，杜牧身怀建功立业、匡时济世的远大理想和豪迈志向，面对春天的美景，迸发出积极进取的热情。这首作品鲜明地体现出杜牧对青春和人生价值的深邃思考和热烈情怀。

赏析

“春半年已除，其馀强为有”——春天过半，一年也就过去了，其余的时间也就随意地度过了。此处运用了夸张修辞，鲜明地体现了作者对春天的热爱，突出了春天对于作者的重大意义。“春”呼应了题目，诗人在首联直接描写了时间的飞逝，“强为有”表明诗人一直碌碌无为，没能被人赏识和重用。体现了诗人对人生短暂的感叹，为全诗奠定了淡淡哀愁的感情基调。

“即此醉残花，便同尝腊酒”——此时醉酒于暮春的残花丛中，就好像在腊月寒冬的新年前饮酒。这两句将作者对于春天行将过去的痛苦之情，展现得如此凄苦悲凉。本联中的“残花”“腊酒”呼应了首联的“年已除”，同时这两个事物充满着诗人对岁月流逝的惋惜和自己对建功立业的渴望。其中“残花”衬托出诗人当时的处境和心境的悲凄。诗人寓情于景，将自己对岁月流逝的惋惜之情寄于“残花”和“腊酒”之中。

“怅望送春杯，殷勤扫花帚”——惆怅地看着春天离去，殷勤地扫那满地

怅望送春杯

的落花。伤春之情更加悲苦，体现出无可奈何的痛苦，本联中诗人描写了“送春杯”和“扫花帚”这两个平凡但却冥冥中带有悲凉气氛的意象，渲染了一个寂静哀婉的氛围，进一步表现诗人当时内心的寂寥。

“谁为驻东流，年年长在手”——谁会让时间因为我而停留，永远都为我留住这美丽的时光！尾联中诗人将时间比作东去的春水，无人能抵挡住时间的脚步，就像是流水，不论你紧握还是放开都会从指缝中一滴滴无情地溜走。“年年”运用叠词，使诗有节奏感和音乐性，也有助于诗人更好地抒发情感，好似杜牧举着别春的腊酒轻轻哼唱的咏叹调……“长在手”描写诗人想要让时间不要那样快地流逝，表明作者对时间的珍惜，点名题目中的“惜”。

杏　　园

夜来微雨洗芳尘[①]，公子骅骝步贴匀[②]。
莫怪杏园憔悴去[③]，满城多少插花人。

>注释

①芳尘：落花。
②骅骝（huá liú）：赤色的骏马，色如华而赤，高级品，周穆王八骏。贴匀：顺从。匀：整齐。骅骝步贴匀：指骅骝的脚步顺从整齐。
③憔悴：凋零，枯萎。

> 题解

杏园宴，本是唐朝廷为科举士子举办的宴庆，是一项文化内涵极为丰富的活动，这是新科进士的庆祝宴会——曲江大会。这是古老雅致的节日、美丽的曲江风景、志得意满的新科进士，相得益彰，使上巳节更加热闹非凡。科举考试是唐朝政府录用官员的主要途径和办法。杜牧的这首作品有着鲜明的却别样的不平感受。

赏析

首句“夜来微雨洗芳尘”，点明时间是春天的夜雨后。夜晚的雨像是懂得诗人的情思般地洒落，落在杏花上也是落在人心上，诗人百感交集。芳尘即落花，又指代美好的风气、声誉和名贤的踪迹。雨打落了一地的杏花，不免让人惋惜又心痛。“洗”字运用了拟人，使“微雨”有了主观的动作。“洗芳尘”以动衬静，也形象地描绘出雨后的花朵的样子。

第二句“公子骅骝步贴匀”，公子们骑着马赏花，骅骝的脚步顺从整齐。

第三句“莫怪杏园憔悴去”，“憔悴”，表花之凋零、枯萎 。不要责怪杏花都凋零了。也许是公子们赏花时怪杏花开得不好，花瓣掉在了地上，枝上的有很多也都凋零了，作者便想像是为杏花不平一般，说“莫怪”，让人们不要责怪，不要埋怨杏花。“莫怪”一词，使此诗的内容由前两联的描写转为抒情，抒发了作者强烈的情感，也带动了读者的情感。“杏园”借代杏花。憔悴的应是满园的杏花而不是杏园，在此处诗人却用的杏园，化部分为整体。不仅是杏花，连杏园都凋零了。运用了夸张，更强调了杏花的憔悴。看到“杏园”便立刻能想到满园杏花一片狼藉的景象，给人直接、强烈的感觉。只有人才会憔悴，诗人用“憔悴”形容杏花，便是将杏花拟人了。“憔悴”体现了诗人对杏花的怜爱惋惜之情。“莫怪”也运用了同样的手法，把杏园人格化了。此句诗，让人仿佛觉得，杏花就是一位可怜楚楚的弱女子，任人欺凌。

第四句“满城多少插花人”，看看满城有多少头插杏花的人。“满”字运用了夸张，与上句的“杏园”一样，突出了多，让我们看到了满城头插杏花招摇过市的人群。此句是反问句，“多少插花人”看似是回答杏花为何凋零的问题，实为指责了那些责怪满园杏花“憔悴”的人，也间接地指责了折花人，他们折走了杏花，带在头上招摇过市，扬扬自得。诗人还是以一个打抱不平的口吻，又似乎只是在客观描写，未加褒贬，但讽刺之意，不需赘言而自明。反问的句式使语气更加强烈，读者的情感随着诗人的引领而变得强烈。

长安秋望

楼倚霜树外[1]，镜天无一毫[2]。
南山与秋色，气势两相高。

>注释

①倚：倚立。外：上。
②镜天：比喻修辞，天如明镜。

>题解

"悲秋"是传统文学的重要主题，由秋天的萧瑟、万物的凋零联想到人生暮年有志难伸的痛苦，悲景衬悲情，情景交融，令人动情深思。但是杜牧的这首作品对秋天的描写却充满了刚劲和豪迈之气，读来独特清新，美感充盈。

赏析

这首诗赞美了远望中的长安秋色，描写了高远、寥廓、明净的秋色，象征了诗人正直、向上，并且清刚遒健的襟怀，意境高远，情感豪迈。

首句描写的是披着霜的树挺拔向上，高楼倚在其上。秋天经霜后的树，多半木叶黄落，越发显出它的高耸挺拔，而楼又高出霜树之上，立足于此，才能饱览长安秋景，感受它的明净和寥廓的美丽。"楼倚霜树外"中的"倚"字运用了拟人的手法，突出了楼是在树之上，是静态，使人有一种高耸之感。这就是全诗的出发点。

接着第二句写的是天空的景色，"镜天无一毫"，运用了比喻的手法将蓝天比作纤尘不染的镜子，突出了秋天天空明净寥廓的特色，这样的清爽和高远让作者神清气爽，心情无比愉快。

第三句"南山与秋色"，作者远望终南山，感受到秋天的美景是无处不在的明净与高远，这也体现了作者杜牧阔大的襟怀和高远的志趣，寓情于景，借景抒怀的手法，鲜明地融合于这两句，语势磅礴，动人心魄，好像也被诗人的愉快和志向所感染。

最后，从诗人出发，描写了这明镜高远的秋色，心情自然是畅快的。而从此处的地点“长安”来看，似乎也与诗人的爱国情、志向有关，在写出长安高秋景色的同时写出了诗人的精神性格。特别是诗的末句，巧妙地将“南山”与“秋色”结合在一起，形象地描写了美丽的景色，更是突出了杜牧的性格品质，给以想象空间，含蓄隽永，令人深思与振奋。

张好好诗　并序

牧大和三年，佐故吏部沈公江西幕，好好年十三，始以善歌来乐籍中。后一岁，公移镇宣城，复置好好于宣城籍中。后二岁，为沈著作述师以双鬟纳之。后二岁，于洛阳东城重睹好好，感旧伤怀，故题诗赠之。

君为豫章姝，十三才有馀。
翠茁凤生尾①，丹叶莲含跗②。
高阁倚天半，章江联碧虚。
此地试君唱，特使华筵铺。
主公顾四座③，始讶来踟蹰④。
吴娃起引赞，低徊映长裾。
双鬟可高下，才过青罗襦。
盼盼乍垂袖，一声雏凤呼。
繁弦迸关纽，塞管裂圆芦。
众音不能逐，袅袅穿云衢。
主公再三叹，谓言天下殊。
赠之天马锦，副以水犀梳。
龙沙看秋浪，明月游东湖。
自此每相见，三日已为疏。
玉质随月满，艳态逐春舒。
绛唇渐轻巧，云步转虚徐。

旌旆忽东下，笙歌随舳舻。
霜凋谢楼树，沙暖句溪蒲。
身外任尘土⑤，樽前极欢娱。
飘然集仙客，讽赋欺相如。
聘之碧瑶珮，载以紫云车。
洞闭水声远，月高蟾影孤。
尔来未几岁，散尽高阳徒。
洛城重相见，婥婥为当垆。
怪我苦何事，少年垂白须。
朋游今在否，落拓更能无？
门馆恸哭后，水云秋景初。
斜日挂衰柳，凉风生座隅。
洒尽满襟泪，短歌聊一书。

>注释

①翠茁：生长。
②跗：花萼的基部。
③主公：即江西观察使沈传师，当时诗人正充当他的幕僚。
④来踟蹰：化用《陌上桑》“使君从东来，五马立踟蹰”之意，描写沈传师在座中初睹张好好风姿的惊讶失态的情景。
⑤身外：功业，名声。

> 题解

杜牧担任东都监察御史时，在洛阳重逢乐伎张好好，不曾想到昔日艳惊四座、名声大振的名伎如今却沦落到当垆卖酒，此番悲剧，也令作者不禁“酒尽满襟”清泪。此诗再现了张好好升浮沉沦的悲剧生涯，抒发了作者对苦难女子的深切同情，以及对黑暗社会的揭露和批判。

赏析

诗序交代了本诗的时间、地点、人物以及写作目的。作者在洛阳重逢六年前才十三岁便崭露头角、技压群芳的乐伎张好好，如今却沦落为酒家的当垆女，年方十九，却已饱尝人间酸楚，不禁令作者感慨万千。

首节，开门见山，直接赞美张好好的美丽，运用比喻修辞铺陈了当年张好好清韵的美丽，好似一朵摇曳多姿、含苞欲放的红莲。

张好好出场试唱，气派华丽，不同凡响，观者如潮，热闹异常，鲜明地表现了她深得人们的喜爱。

“主公顾四座，始讶来踟蹰。”通过沈传师在座中看到张好好美貌的惊讶情景，侧面烘托了张好好令人惊叹的美。

在吴娃的引扶下羞怯登场的张好好，娇羞不语，令人怜惜。一双发髻高下相宜，缕缕发辫才曳过短襦，寥寥数笔，刻画出了这位少女的柔美羞怯。

“盼盼乍垂袖，一声雏凤呼。繁弦迸关纽，塞管裂圆芦。众音不能逐，袅袅穿云衢。”描写了张好好高超的技艺，歌声甜美，穿云裂石，动人心魄，在美妙伴奏的烘托中仿佛天籁之音，令人陶醉。

随后的几联，描绘张好好因为绝妙的技艺和骄人的美貌，而赢得了达官权贵的喜爱和赏识，从而拥有了美好幸福的生活，尽享荣华富贵，令人艳羡，此相互的描写是后文的悲惨现状描叙的伏笔。

“玉质随月满，艳态逐春舒，绛唇渐轻巧，云步转虚徐”——不知不觉中，这位少女已长成风姿殊绝的美人。当沈传师“旌旆”东下调任宣歙观察使时，自然没忘记把她也“笙歌随舳舻”地载了去。于是每遇霜秋、暖春，宣城的谢朓楼，或城东的“句溪”，就有了张好好那清亮歌韵的飞扬。

这就是诗之二节所描述的张好好那貌似快乐的乐伎生活。然而这也是本诗的悲剧之处，未更人事的张好好，自然不懂得，这失去自由的乐伎生涯对于她的一生来说意味着什么。这种“身外任尘土，樽前极欢娱”的“欢娱”，对于一位歌伎来说，终究只是昙花一现，并不能长久。诗人虽然明白，但他当时怎么也没预料到，那悲惨命运之神的叩门，对张好好竟来得如此突然。而这一节的浓墨重彩之下，之所以极力铺陈张好好美好欢乐的往昔，也正是为了在后文造成巨大的逆转，以反衬女主人公令人惊心的悲惨结局。

“飘然集仙客，讽赋欺相如。聘之碧瑶珮，载以紫云车。”神话般的美好意境，体现了张好好往昔被聘娶的热闹情形，也侧面表现了张好好美丽迷人的魅力，这也和女主人公现在的生活形成了巨大的反差，生活的巨变令诗人唏嘘不已。

“洞闭水声远，月高蟾影孤。”追忆张好好往昔的生活，虽然生活安逸却不免孤单寂寞，也预示了这位女子身世的坎坷变迁与多舛遭遇。

“洛城重相见，婥婥为当垆。”这一句承上启下，写作者和张好好的重逢。

“怪我苦何事，少年垂白须。朋游今在否，落拓更能无？”表现了主人公内心的悲苦：重逢的喜悦和尴尬，难以倾诉的抑郁和苦闷，人世变迁的剧烈也让多情的诗人不禁悲苦万分、感慨万千。

这首诗刻画了张好好动人美丽的形象；揭示了她令人同情的悲惨处境，体现出作者强烈的悲悯之情和崇高的人道主义。

赠别（其一）

娉娉袅袅十三余[1]，豆蔻梢头二月初[2]。
春风十里扬州路，卷上珠帘总不如。

>注释

①娉娉：秀美的样子。袅袅：细长柔美的样子。形容女子苗条俊美，体态轻盈。
②豆蔻：喻少女，后因称女子十三四岁为豆蔻年华。

>题解

唐文宗大和九年（835），杜牧被调离扬州前往京城长安担任监察御史，在离别繁荣富足的扬州之时，创作了这首作品赠送给自己非常喜爱的歌伎，流露出难舍难分的迷恋之情。

赏析

“赠别”，表现作者的惜别之情，情感并无新意，但是生动丰富的艺术化描写，却让这首作品脍炙人口。首句“娉娉袅袅十三余”描绘了正值大好青春歌女轻盈柔美的迷人身姿，叠音词增加了音韵美和节奏感，“娉娉”令人想到走路时娇柔的姿态，宛如柔弱的翠柳，摇曳多姿；“袅袅”更表现了身段的轻盈，仿佛美丽的云彩倏忽飘逸，歌女的动人都体现在这简约的描写中了。

第二句“豆蔻梢头二月初”，从写人到写花，表面上描写了初春含苞欲放的花儿，以点带面地展示了春天的美丽景色，实则是借花喻人，将歌女比喻为迷人的二月之花，可谓“人花映衬”“虚实结合”，表现技巧丰富灵活，新颖生动。

第三句“春风十里扬州路”，唐朝时期的扬州经济繁荣、生活富庶，更是风月之地，歌台舞榭，美女如云，才子佳人的故事荟萃如云。春风十里，不但是无处不在的美景，更是扬州宛如春风的繁荣，也蕴含了作者居住生活于扬州的愉快心情。扬州这样的生活和美丽的歌女，更能激起作者的深深依恋之情。

末句“卷上珠帘总不如”，“珠帘”借代美丽歌女所处的阁楼，“卷上珠帘”的是此时即将离别美丽歌女和繁华扬州的杜牧，想到离别后的情景，对比之意油然而生，如此让自己心动的歌女再也无法相聚，如此美丽迷人的扬州再也不能居住，离别的悲苦含蓄委婉地蕴含在其间了。

“赠别”这首作品语言朴素，含义明确，但是却充满了丰富动人的情感，其体现出精美的艺术手法，令人印象深刻。

寄扬州韩绰判官①

青山隐隐水迢迢②，秋尽江南草未凋③。
二十四桥明月夜④，玉人何处教吹箫⑤。

>注释

①韩绰：事不详，杜牧另有《哭韩绰》诗。判官：观察使、节度使的僚属。时韩绰似任淮南节度使判官。文宗大和七至九年（833—835），杜牧曾任淮南节度使掌书记，与韩绰是同僚。

②迢迢：指江水悠长遥远。

③草未凋（diāo）：一作草木凋。

④二十四桥：一说为二十四座桥。北宋沈括《梦溪笔谈 · 补笔谈》卷三中对每座桥的方位和名称一一做了记载。一说有一座桥名叫二十四桥，清李斗《扬州画舫录》卷十五："廿四桥即吴家砖桥，一名红药桥，在熙春台后，……《扬州鼓吹词序》云，是桥因古之二十四美人吹箫于此，故名。"

⑤玉人：美人。一解指扬州的歌女；一解为杜牧戏称韩绰为玉人。

青山隐隐水迢迢

> 题解

这是一首诙谐幽默充满风趣的调笑诗，意境优美，感情温馨。在江南的满目秋景里，寄寓了作者思念友人的深情厚谊。

赏析

“青山隐隐水迢迢”，作者翘首远望，美丽的翠绿群山在远方隐隐约约，忽隐忽现；浩浩荡荡的江水流向远方，开阔的境界更蕴含了远方景色的凄迷和内心的茫然与空虚。

“秋尽江南草未凋”，秋天弥漫了江南，但是草木却还没有完全凋零，此中体现的是作者对江南秋天的喜爱，作者内心怀有的也是在本该肃杀秋天的些许温暖。

第三句“二十四桥明月夜”，扬州的人文胜景，秋天明月下人们游赏玩乐的热闹情景，这些都和前两句略带凄清的景色形成了情感上的鲜明对比，这样的美景也让作者充满了内心的愉悦，更充满了对昔日相聚游赏快乐的追忆，从而为下句现在别离的失落和深深的思念做了情感的铺垫。

末句“玉人何处教吹箫”，“玉人”是双关语的修辞，既可以指美丽迷人的女子，又能够暗指杜牧的朋友——风流倜傥的韩绰，无论是理解为前者还是后者，都表现了杜牧此时此地的孤单与寂寞，蕴含着对友人的思念之情。

诗歌虽然短短几句，却有着丰富的景色和丰满的情感，江南扬州的无限美丽风光也激起了读者的向往和热爱。

赠　别

眼前迎送不曾休，相续轮蹄似水流。
门外若无南北路，人间应免别离愁。
苏秦六印归何日①？潘岳双毛去值秋②。
莫怪分襟衔泪语，十年耕钓忆沧洲。

>注释

①苏秦六印：苏秦游说秦惠王不成，苦读《阴符》后，说服了关东六国接受“合纵”策略，六国开始联合起来抵御秦国。苏秦成为了六国的相国，身佩六国相印，名利双收。

②潘岳：潘安，极其俊美。双毛：也叫二毛，头发花白，指老年人。后用“潘岳双毛”比喻中年斑发初白，感叹时光流逝，身心早衰。

>题解

杜牧的这首诗语言精致，风格婉约，抒情情感浓郁，手法含蓄，表现并抒发了与友人送别的难舍难分的眷恋之情，同时也寄寓了作者的不舍、怀才不遇的一腔悲愤抑郁之情。细读此作，杜牧的文字如剑扫风中、鹤舞长空，俊朗豪健。

赏析

这是一首送别诗，赠别友人，不免感伤。行将坍塌的唐帝国，让杜牧的壮志成为泡影，加之人生的坎坷多舛，聚少离多，更增添了悲愁！

“眼前迎送不曾休，相续轮蹄似水流。”首联记叙，写前来送别之人来往不断，与友人一一告别，伤感微微溢出。把轮蹄比作水，二者皆易流逝，想抓都抓不住，这送别时刻如此短暂，不久便天各一方。难留的是与友人相交的美好时光，还有曾经的韶华岁月。难以割舍，却不得不别。

“门外若无南北路，人间应免别离愁。”心伤之时，想象若是世上再无仕途之逐，我们也便不会各奔东西，为仕途而奔波操劳。那么也就不会离别，自此只有琴棋书画诗酒花，攀谈赏月与子游，什么黄金榜，什么禄位，换了浅斟低唱！这想象与现实形成了鲜明的对比反衬，想象得越美好，愈显现实的残酷。表达了作者与友人别离的不舍感伤，对自己郁郁不得志的愤懑，对统治者的不满。

“苏秦六印归何日？潘岳双毛去值秋。”借用典故，以此自比，说自己的志向难以达成，像苏秦给秦献策却遭冷落，衣衫褴褛窘迫归家，未料想妻儿亲人都嫌弃他，感慨万千。杜牧同苏秦相似，都有政治才华，而且政治才华出众。他专门研究过孙子，写过许多策论咨文。生不逢时，诸帝才庸，边事不断，想施展才能，让国家重现繁华盛世，太难。自己现今的境遇亦如苏秦，本是忧虑国家社稷，也是想为自己搏一个出人头地，却未料想，走在仕途这条路上，步履维艰。也许今日赢得皇帝赏赉，满朝礼拜，明日就被贬为庶民，衣食毫无着落。不知自己会不会也有一日，像苏秦谏六国成，六国将苏秦礼为相，赠以六国相印，以上宾之礼款待。何曾不想像他一样功成名就呢？可这曙光太渺茫。潘岳双毛，借用典故，比喻自己渐渐苍老，感叹时光流逝。双鬓染霜雪，功未成名未就。诗人感到失落惆怅。站在人生的秋天里，美人迟暮。

“莫怪分襟衔泪语，十年耕钓忆沧洲”中的一句衔泪语，又将对时光和人生的感慨拉回到现实的送别。一“泪”字，尽写离愁别绪之情，同时也写出了多少人世的辛酸。情感外化，很容易感受出作者忧伤难言之情。“十年耕钓”，也许是失落至极才想隐归耕钓。但杜牧不会，即使才能湮灭于茫茫人海之间，爱国之心终不泯灭。

兵部尚书席上作

华堂今日绮筵开①，谁唤分司御史来②？
忽发狂言惊满座，两行红粉一时回。

>注释

①绮筵：华丽丰盛的筵席。

②分司：唐宋制度，中央之官有分在陪都（洛阳）执行任务者，称为“分司”。但除御史之分司有实权外，其他分司多用以优待退闲之官，并无实权。

>题解

这首诗作于唐文宗大和九年（835），最早见于唐孟棨《本事诗》，是一首朗吟于兵部尚书李司徒宴席上的即兴之作，充满了欢聚的快乐、嬉戏以及诙谐幽默，横溢的才华和性情的本色，在诗中表露无遗，充满趣味。

赏析

掌握这首诗的创作背景，对于了解杜牧的性情和才华具有重要的意义。唐文宗大和九年（835），杜牧在东都洛阳任职，兵部尚书李司徒设宴款待官员，但是并没有邀请担任御史的杜牧，杜牧于是派门客要求参加，李司徒不得已发了请柬，在酒宴上，看到众多美丽的歌女，杜牧饮酒酣畅，创作了这首作品。由此可见，杜牧的洒脱和才情。

首句“华堂今日绮筵开”，“华”为华丽，“绮”为美好的、盛大的，两个形容词将宴会的盛大和奢华非常简洁又形象地表现出来，这句属于“赋”的手法，直接叙述和描写兵部尚书所召集的宴会。

第二句“谁唤分司御史来”，这句疑问句，是说谁把我召唤来的呢？好像并无令人叹服的地方，但如果了解到兵部尚书起初并没有邀请杜牧，只是在杜牧的要求下才补发请柬，杜牧也才得以参加如此盛大的宴会，因此这句表面无奇的诗句，其实蕴含了对兵部尚书的诙

华堂今日绮筵开

谐式调笑，或许也暗含着些许不满和最终得以参加的高兴。

第三句“忽发狂言惊满座”，诗歌讲究“起、承、转、合”，这句就是典型的转折句或者语义转换句，“忽发狂言”是讲杜牧自己在宴会上起初独自饮酒一言不发，是出于被宴会的美丽的歌女和精湛的舞蹈所迷醉，还是出于对兵部尚书起初没邀请自己的不满从而冷眼给兵部尚书看，或许两者都有；在大家聚精会神欣赏歌舞的时候，杜牧突然问兵部尚书李司徒：“闻有紫云者，孰是？”意思是说，听说你这里有位叫紫云的美女，是哪位呢？并要兵部尚书把这位歌女送给自己。杜牧的性情确实令在座的客人惊诧和惊叹，从这里我们更能够看到杜牧作为在当时颇有影响的诗人，在情感生活方面所体现出的消极面。

第四句“两行红粉一时回”，这句中的“两行红粉”借代两边歌舞的美女，“一时回”是说同时扭过头来看问话的人是谁。这句属于侧面描写，呼应第三句“忽发狂言惊满座”，进一步表现杜牧问话的语惊四座，特别是在达官权贵盛大聚会的时候，本该谈些高雅超凡的话题，大家都没料到身为御史的杜牧竟然有这样的涉及风月场的问话。

总之，本首作品，语言直白，感情明确，运用叙述手法，表现了杜牧在这次宴会上的令人惊奇的事情，由此作者的性情确实表露得直率、大胆又真实。

金　谷　园①

繁华事散逐香尘②，流水无情草自春③。
日暮东风怨啼鸟，落花犹似堕楼人④。

>注释

①金谷园：故址在今河南省洛阳市西北，是西晋富豪石崇的别墅，繁华富丽，名盛一时。唐时园已荒废，成为供人凭吊的古迹。据《晋书·石崇传》记载：崇有妓曰绿珠，美而艳。孙秀使人求之，不得，矫诏收崇。崇正宴于楼上，谓绿珠曰："我今为尔得罪。"绿珠泣曰："当效死于官前。"因自投于楼下而死。杜牧过金谷园，即景生情，写下了这首咏春吊古之作。

②香尘：石崇为教练家中舞伎步法，以沉香屑铺象牙床上，使她们践踏，无迹者赐以珍珠。

③水：指东南流经金谷园的金水。

④堕楼人：指石崇爱妾绿珠，曾为石崇坠楼而死。

> 题解

这首《金谷园》，既是触景生情的佳作，更是凭吊古迹的体现深沉感悟的诗作。看到春天的美景，更看到昔日西晋富豪石崇繁华的金谷园已经化为废墟，其间的感伤情感就变得异常的丰富与深邃。

赏析

本诗属于怀古伤今的主题，表达了诗人对物是人非的感慨和对女子悲惨命运的同情。

首句“繁华事散逐香尘”是作者面对荒园的所见与所思，往昔繁华的金谷园所发生的种种快乐幸福的事情必然涌现在杜牧心头，然而所有这些都只能是伤感的追忆，繁华所带来的骄奢淫逸造成没落和衰亡，让杜牧不禁联想到晚唐耽于享乐醉生梦死的末世现状，内心的焦虑自然会陡然增加，表现出强烈的现实关怀和忧患意识。

第二句“流水无情草自春”，流水的潺潺，青草的苍翠，这些美丽的自然风光和金谷园的废墟形成了鲜明的对比；流水和草这些景物成为自然永恒的象征，而金谷园这样的繁华却成为了过眼烟云，永难再复，这又形成了对比。更为直观的是自然景物的生机勃勃和眼前的金谷园废墟所形成的对比，更容易激发起杜牧的伤感之情；自然的无情和杜牧面对眼前景象的哀伤，又形成了反差，无情的景物不管人世的沧桑而兀自生机勃勃，更增加了作者的无奈与悲苦。

第三句“日暮东风怨啼鸟”，时间已是傍晚，日暮之后需要忍受孤单寂寞和凄凉：日暮，更暗含着唐王朝岌岌可危的穷途末路的现状与命运；东风，即使和煦的春风此时也是以乐景衬哀情了；鸟儿的啼叫是以动衬静，更搅扰了杜牧内心的痛苦；“怨”实则是寓情于景，将景语转化为情语，蕴含的是作者的哀怨和伤感。

第四句“落花犹似堕楼人”，除了联系典故，表达作者对命运不幸女子的同情之外，这个令人惊悚的比喻修辞，将花的随风飘落比喻为坠楼的人，杜牧内心的沉重苦闷就显得更加的淋漓尽致，耐人寻味，读者不难从中感受到深藏于杜牧心中的对国家命运的担忧和焦虑。

因此，含蓄隽永成为这首作品最为突出的特点了。

题扬州禅智寺

雨过一蝉噪，飘萧松桂秋。
青苔满阶砌，白鸟故迟留。
暮霭生深树[①]，斜阳下小楼。
谁知竹西路[②]，歌吹是扬州。

>注释

①暮霭（ǎi）：黄昏时的云雾。

②竹西：在扬州甘泉之北。后人因杜牧此诗所咏处筑亭，名曰竹西亭，又称歌吹亭。

> 题解

诗人为给其弟治病，寄居于扬州的禅智寺，作了这首诗。早期时的杜牧对于做官可谓是满怀信心，想要一展宏图，虽然官场困踬，接连遭受打击，仍然没有放弃，但从他之后的作品中也可以渐渐地体会到他的热情逐渐退去以及对于朝廷的失望，然而这次的杜牧为何一改往日的矛盾，决然地选择辞官留在扬州？或许弟弟的病只是一个导火索，一个借口；或许是对政治的失望，急于想要离开京都那个是非之地；或许是因为扬州的魅力和作者对于扬州那无比深厚的感情，这些丰富的情感都有着含蓄的体现。

赏析

唐文宗开成二年（837）杜牧在东都洛阳担任监察御史，这年，他在扬州任职的弟弟杜颛（yǐ）患了眼病，杜牧于是从扬州的禅智寺找了大夫给弟弟治病，依照唐代的制度，官员请假超过百天，就要被停职，为了患病的弟弟，杜牧超过假期毅然辞职照顾亲人，这首作品就创作于此期间。

“雨过一蝉噪”，此句描写环境。大雨过后，可以很清晰地听到蝉鸣声，用单调的蝉叫反衬环境的清新幽静。而一“噪”字也可使读者感受到此时的蝉已不是那么嘹亮，而是有些沙哑、凄咽、粗糙之感。

“飘萧松桂秋”，“秋”字点明了写作时正值秋天，秋风吹过，松树桂树随风飘摇，发出萧瑟的声响，用秋雨秋风烘托出了禅智寺的冷寂。秋意正浓，给人以凄冷、孤寂之感。

“青苔满阶砌，白鸟故迟留”，“满”字写出台阶上青苔之密，“砌”字表现出苔藓之厚，利用两个形象的形容词增强了诗歌的画面感，使读者好像身临其境。苔藓密且厚表明此地的人迹罕至；连白鸟都愿意停留下来，迟迟不肯飞走，也再次展现了这里的环境清幽、空旷，鲜有人来，是鸟类喜爱的栖息之地。通过对环境及周围事物的描写渲染了环

青苔满阶砌

境的空寂凄清。

“暮霭生深树，斜阳下小楼。”此时雾气弥漫在茂密的树林中，写出了环境的幽暗，也给人以压抑之感，而诗人笔锋一转，将目光移至夕阳西下，透过暮霭深树，隐约见到了一抹斜阳的余晖，使人感到像是在黑暗之中寻找到了一丝光明，在寒冷之中感觉到了一丝暖意，几个画面连接起来，更是再次突出了禅智寺“幽暗寂静”的特点。诗人在此处并没有简单地写出夕阳西下的画面，而是描绘为“下小楼”的夕阳，在写出宁静的同时将夕阳描绘得更加形象生动，更加生活化，更富有表现力，也令读者体会到，此时的诗人是很安静、很闲适的，而这看似自由的背后所蕴含的情感，是乐于归隐还是迫于无奈，还要联系下文才有所体现。

“谁知竹西路，歌吹是扬州。”尾联一改前文幽静的描写，使人好像见到了一幅歌舞升平的景象。运用借代的修辞，用“竹西路”来借代扬州，歌声、舞乐随着晚风吹进了诗人的耳中，此时的扬州似乎才是人们所熟知的那个扬州，十里春风，市井繁华；而诗人却只能以树为友，以鸟为伴，在静寂的禅智寺中凄凉度日，以乐景衬哀情，反衬出诗人的孤寂、落寞，寓情于景，勾起了诗人对往事的回忆和内心的伤感，诗人难以置信，这与诗人几年前留恋的那个地方相差甚远，诗人只得给自己以强大的心理暗示，这里不是扬州，扬州仍旧是那么的美好，热闹、繁华、美酒、佳人，与冷寂的禅智寺形成了鲜明的对比反差，在繁华喧闹的市井扬州，也能滋生这种寂寞，可见诗人实在是落寞之至。赏析至此，回看全文，似乎更能身临其境，理解诗人的内心感受，前文写景的情感也更加明确，试问不是寂寞、失意的人，谁会愿意去注意秋风秋雨，观察青苔白鸟呢？

题宣州开元寺水阁

六朝文物草连空①，天淡云闲今古同。
鸟去鸟来山色里，人歌人哭水声中②。
深秋帘幕千家雨，落日楼台一笛风。
惆怅无日见范蠡，参差烟树五湖东③。

>注释

①六朝：指吴、东晋、宋、齐、梁、陈。空：就是天空，也隐含“无”的意味。

②歌、哭：言喜庆丧吊，代表了人由生到死的过程。

③五湖：指太湖及与其相属的四个小湖，因而也可视作太湖的别名。从方位上看，它们是在宣城之东。春秋时范蠡曾辅助越王勾践打败吴王夫差，功成之后，为了避免越王的猜忌，乘扁舟归隐于五湖。

赏析

“六朝文物草连空，天淡云闲今古同。”“六朝”，指吴、东晋、宋、齐、梁、陈这六个建都南京的朝代；“空”既指杜牧仰望所看到的天空，为名词，更蕴含着“徒然”的无可奈何以及“空虚”志向难以施展的抑郁，还可以指“化为乌有”的繁华不再的昔盛今衰的悲苦之情。这两句将自然的永恒、岁月的流逝、人事的变迁的感慨和思考都包容在其中了。

“鸟去鸟来山色里，人歌人哭水声中。”连绵的群山中鸟儿飞来飞去，汤汤的流水中有人欢喜有人愁，鸟儿是自由的，但总飞不出山色，芸芸众生也总在时间的长河里演绎不同的生活。自然的永恒、生命的短暂无奈、人生丰富的画卷都融合于这两句诗中，充满了深刻的思考和深邃的情感。

“深秋帘幕千家雨，落日楼台一笛风。”秋雨凄凄，满目凄迷，秋风落日，笛声清脆而寂寥，这两句将视觉描写、听觉描写以及内心的无限感触三者紧密地结合起来，透露出清秋中凄楚的情愫。

“惆怅无日见范蠡，参差烟树五湖东。”春秋时越国的大夫范蠡，以超人的谋略和过人的胆识帮助遭受凌辱渴望东山再起的越王勾践实现了雪耻灭吴的伟大事业，更让人称道的是范蠡急流勇退、功成身退、泛舟湖海的睿智和洒脱。杜牧渴望能够像范蠡那样得到君王的赏识与重用，实现匡时济世的远大理想，然而时运的不济，只能让杜牧内心充满对前程的茫然，恰如这眼前的如烟缥缈的景色。

这首作品蕴含着浓郁的怀古伤今、借古抒怀的艺术手法，体现了作者杜牧内心的苦闷和茫然。

> 题解

唐文宗开成年间（836—840），杜牧在宣州（今安徽）任职期间经常来开元寺游赏赋诗，这里美丽的景色常常让杜牧陶醉，流连忘返，喜爱之情洋溢于字里行间。

寄 远

南陵水面慢悠悠，风紧云轻欲变秋。
正是客心孤迴处①，谁家红袖凭江楼②？

>注释

①孤迴处：孤寂回转的时候。

②红袖：女子的红色衣袖，指美女。红袖添香，旧指书生学习时有年轻貌美的女子陪读。

>题解

唐文宗开成年间（836—840），杜牧在宣州担任团练判官，南陵属于宣州管辖的县，在这首诗中，杜牧抒发了浓浓的思乡之情。

赏析

这首诗的题目“寄远”，就非常直接地点明了本诗的思想主题，就是寄托对远方亲人的思念。

首句“南陵水面慢悠悠”，从字面看是说，宣州南陵的江水缓慢地流动不息，其实属于寓情于景，江水的流动让作者想到时间的流逝，这里的“慢”，恰恰表达的是作者在宣州度日如年不能回到家乡和亲人团聚的焦虑。

第二句“风紧云轻欲变秋”，秋风起，云流动，属于哀景衬哀情，萧瑟秋风更让作者有了回家和亲人团聚享受温暖幸福生活的期盼。这句中的“云”能够在天上自由自在地飘动，这就和作者神聚宣州不能回到故乡的不自由，形成了鲜明的对比，更激发起不能回家的悲伤之情。

第三句“正是客心孤迥处”，“客”表明了自己远离故乡、漂泊在外的处境，“孤迥”是说自己在距离故乡的远

谁家红袖凭江楼

方宣州的孤单寂寞的痛苦。这句属于典型的直抒胸臆，也就前两句触景生情、寓情于景的含蓄情感点名说透，达到了情感的高潮。

第四句“谁家红袖凭江楼”，“红袖”借代女子，这句是说，谁家的女子站在楼上眺望呢？在眺望什么呢？很显然是在盼望在外丈夫的归来能够团聚。这句既能够理解为诗人真实的所见，也能够理解为作者想象自己的妻子此时也会和自己相同，彼此眺望，彼此期盼，如果理解为后种意思，这句就是运用了想象和虚写表现手法，那么前三句是作者抒发自己的思念，末句则是想象家人也在思念自己，感情的动人将会更深厚、更有感染力。

总之，杜牧的这首《寄远》，感情深沉真挚，思乡的情感让读者动容。

念昔游（其三）

李白题诗水西寺[1]，古木回岩楼阁风。
半醒半醉游三日，红白花开山雨中。

>注释

①李白题诗：李白曾到此游览，并题有《游水西简郑明府》。水西寺：即天宫水西寺，是宣州泾县水西山中很有名的一座寺院。寺中“凡十四院，其最胜者曰华岩院，横跨两山，廊庑皆阁道，泉流其下”（《江南通志》）。

>题解

杜牧曾因仕途失意、志向难伸，常怀失路不得志的悲伤，长期浪迹、漂泊南方。《念昔游》是若干年后追忆那次游踪而写的组诗，一共三首。本诗是其中第三首，真实地体现了作者当时表面悠闲、实则悲苦的内心。

赏析

杜牧无法拥有李白那样的飘逸洒脱，却和李白同样拥有建功立业、悲天悯人的崇高情怀和远大志向，而两位诗人在排遣内心苦闷时更有着鲜明的共性：寄情山水，忘情于湖海，都渴望能够把政治上失意的苦闷消释于美景之中。

“李白题诗水西寺，古木回岩楼阁风。”诗开篇蕴含了杜牧对李白的敬仰之情，更是对李白描写天宫水西寺诗句“清湍鸣回溪，绿水绕飞阁。凉风日潇洒，幽客时憩泊”的化用，更加凝练精美地突出了水西寺的迷人意境。

第三句“半醒半醉游三日”，李白饮酒是豪放洒脱，更是抑郁痛苦，虽然有纵酒高歌的快乐，但借酒浇愁还是李白诗歌的主题。杜牧半醉半醒，表面是游赏的快乐，实则也是醉生于黑暗现实的痛苦，美丽的景色或许给作者带来暂时的安慰，忘却现实的苦闷。

第四句“红白花开山雨中”，“红”“白”色彩鲜艳，景色优美，但是在凄迷的山雨中，这样的景色也朦胧，联系到诗人的境遇，也必然映射着杜牧对现实社会的伤心难受。

李白的洒脱与快乐，让杜牧满怀向往，渴望着美景带来身心的愉悦，然而寄情山水的超脱愿望却总是被对现实社会难以割舍的关怀和痛苦所打扰，本首作品寓情于景的手法表现得非常透彻与鲜明。

有　　感

宛溪垂柳最长枝，曾被春风尽日吹。
不堪攀折犹堪看①，陌上少年来自迟②。

>注释

①堪：经受得起。
②陌：东西走向的田间小路。

> 题解

杜牧多年沉浮官场的经历和社会变迁的动荡，让他深有感触，常常有感而发，这种情感与题目相得益彰。全诗流露出对大自然的向往和对官场生活的厌倦，使读者可以充分地理解全诗。

赏析

往昔蜿蜒流动的小溪边，有条条柳枝垂下。在春天里，曾经被和煦的春风肆意地吹起吹落，春意盎然，生机勃勃。而今柳老不再飞绵，已不堪青春少年的攀折，但风韵犹存还堪一看。如果有所惋惜的话，那也只能怪你来得太迟了。

前两句“宛溪垂柳最长枝，曾被春风尽日吹”，小溪边的垂柳，在清风的吹拂下飘动。“柳”和“春”，都直接点明了早春之际的到来，深冬的时节已经过去，春意盎然。不仅是写昔日柳条的光景，更是诗人自己生平的写照。诗人将自己比喻为“最长枝”的柳条：“曾被春风”不禁深感悲凉，诗人曾经的春风得意之时，正如“最长枝”的柳条，骄傲自信；而今满心抱负之日都已成过往，那时的柳条也已退去光泽，被赏识、被重用的欢喜已经一去不复返，看着日益衰败的朝廷，不正是垂落的柳条看着溪水慢慢冻结的悲凉之感吗？“尽日吹”，诗人就像柳条一样，已经习惯这个社会与朝廷日益衰败的事实，却又无力挽回。乐景衬哀情，更现作者内心的悲凉。

后两句“不堪攀折犹堪看，陌上少年来自迟”，“宛溪垂柳最长枝”与“不堪攀折犹堪看”，昔日柳条的光泽与韧度和现在柳条的脆弱与颜色形成鲜明的对比。面对这世事变迁的自然景观，自然会想起当时日益衰败的朝廷，昔日的辉煌与今日的萎靡。同时这也是诗人自我的认知，早已没了当年初入官场的拼搏之心，取而代之的是无奈与痛苦之情。同样是对时光飞速流逝的叹息。“犹堪看”，或许只是因为当年的情景历历在目，寄托了诗人太多的美好愿望罢了。诗人以“陌上少年”自比，“来自迟”是诗人对自己生不逢时的委婉表达，暗示自己是治国的人才，对重用仍抱有期望，仍希望建功立业，也是对当时社会现状失去信心的一种宣泄。同时，“陌上”是指田间的小路，不禁让读者将第一、二联所描写的景象和田间乡下的自然风光联想起来，又给诗作填上了一抹亮色，表达了诗人想要归隐田园的愿望。脆弱的柳枝使作者心生爱怜，使辞官回乡之念油然而生。

纵观全诗，诗中内容全都是诗人有感而发，且不是随性的感慨之词，而且看似是写“垂柳”“春风”和“少年”田园风光，及对时光逝去不可挽回的惋惜，实则是对诗人生平的高度概括，看似飘逸的描写空间中实则将诗人的“有感”全部囊括在内。

村　　行

春半南阳西，柔桑过村坞[①]。
娉娉垂柳风，点点回塘雨。
蓑唱牧牛儿，篱窥茜裙女[②]。
半湿解征衫[③]，主人馈鸡黍[④]。

>注释

①坞：四面高中间凹下的地方。
②茜裙：绛红色的裙子，亦借代女子。
③征衫：旅人之衣。
④鸡黍：指丰盛的饭菜。

>题解

《村行》体现了杜牧的闲适心情，在轻倩秀艳之中，显示出野逸、纯朴、真挚、热情。诗人所描绘的柔桑、村坞、垂柳、塘雨、蓑衣、牧童、耕牛、篱笆、村女、主人、鸡黍等，都是美好的田园风光。

赏析

《村行》描绘了乡村的美景和温馨生活。

首联“春半南阳西，柔桑过村坞”，南阳的春天已经过半，正是最美妙美丽的时候，柔美的桑树郁郁葱葱，也预示着桑蚕的收获，作者愉快的心情和闲适的襟怀在这两句中含蓄委婉地流露出来，特别是对于总是忧患国家命运的杜牧来说，这样的轻松愉快是多么的难能可贵。首联更具有奠定作品抒情基调的作用。

第二联“娉娉垂柳风，点点回塘雨”，迷人的春雨、和煦的春风里，柳树如美女袅袅婷婷随着温馨的春风摇曳，零星的春雨在池塘里泛起涟漪。两句写景视觉描写中的叠音词增强了作品的音韵美，更能让读者感受到作者所流露出的轻松愉快的心情。

第三联“蓑唱牧牛儿，篱窥茜裙女”，在前两联写景之后，描写了穿着蓑衣无忧无虑、天真快乐的牧童唱起歌儿，篱笆围起的院落里隐隐约约能够看到忙碌的女子的身影，这样的描写增加了作品的生活气息，更能显现乡村的风土人情。这两句将听觉描写和视觉描写紧密地结合起来，更深层地体现了作者的欢心和高兴。

第四联“半湿解征衫，主人馈鸡黍”，前句中的衣衫半湿，既是对第二联“点点回塘雨”的呼应，也表明了作者路途的劳顿，因此当主人盛出热腾腾的丰盛的饭菜，作者所感受的温馨与温暖，还有对乡村老人热情好客的款待所表达的感激之情，就更能够让读者有切身的体会了。

杜牧的这首《村行》将乡村中美丽的风景、恬淡的生活和美好的人性描写完美地融合起来，具有很高的艺术成就。

宣州送裴坦判官往舒州，时牧欲赴官归京

日暖泥融雪半消，行人芳草马声骄。
九华山路云遮寺[①]，清弋江村柳拂桥[②]。
君意如鸿高的的，我心悬旆正摇摇[③]。
同来不得同归去，故国逢春一寂寥！

>注释

①九华山：中国佛教四大名山之一，有“佛国仙城”之称。在池州青阳（今属安徽）西南，为宣州去舒州的必经之处。
②清弋江：宣城西，江水绀碧，景色优美。
③旆（pèi）：泛指旌旗。

>题解

唐文宗开成四年（839）春，杜牧在宣州（今属安徽）任职，此时奉朝廷调令即将回京任职，而杜牧的朋友——宣州判官裴坦则是要早于自己离开宣州，杜牧于是写作此诗为朋友送行。

赏析

首联“日暖泥融雪半消，行人芳草马声骄”，前句景色属于初春的特点，新的一年也已来到，芳草既是景色也暗含离别之情，马的嘶叫声勾起的更是离人的悲伤，初春的景色虽然有些许温暖，但人却因别离而伤心，因此首联体现了乐景衬哀情的手法。

颔联“九华山路云遮寺，清弋江村柳拂桥”，这两句属于想象与虚写，九华山和清弋江是朋友将要踏上的行程所经过的山山水水，这样的想象体现的是对朋友的牵挂和担忧，这样的情感伴随了朋友的行程，体现了深情厚谊。此外这两句，前句是朋友征程要路过的远景，后句是眼前的饯别景色，体现了虚实结合的手法。

颈联“君意如鸿高的的，我心悬旆正摇摇”，前后两个比喻修辞，前句的鸿雁既比喻朋友的离别，更比喻朋友将要施展鸿鹄之志，充满了离别的依恋和美好的祝福；后句中作者的心情好像悬挂的旗子，摇晃难定，表现了作者离别的伤感。这两句的比喻修辞使得此诗的表现手法丰富多样，更增强了诗作情感表达的生动形象性。

尾联“同来不得同归去，故国逢春一寂寥！”前句将朋友和自己的相逢与别离做了总结，有同来的欣喜，也有不能同去的失落，悲喜交加；后句则想象离别之后自己和朋友的孤单寂寞和对彼此的思念都是同样的，虚实结合的手法，表达了作者和友人之间深厚的情谊。

这首作品中的乐景衬哀情、虚实结合手法和比喻修辞的运用，将该诗含蓄委婉的抒情特点体现得淋漓尽致，真挚的感情更是打动人心。

自宣城赴官上京

潇洒江湖十过秋①，酒杯无日不迟留。
谢公城畔溪惊梦②，苏小门前柳拂头③。
千里云山何处好，几人襟韵一生休④。
尘冠挂却知闲事⑤，终把蹉跎访旧游⑥。

>注释

①潇洒：不拘谨的或无拘束的；不矫揉造作。明高攀龙《与卞子静书》：“兀坐家中无事，襟怀虽得潇洒，而触目民艰，未免时复攒眉。”

②谢公：谢朓（464—499），字玄晖。陈郡阳夏（今河南太康县）人。南朝齐著名诗人，齐明帝建武二年（495），出任宣城太守，故有“谢宣城”之称，后称谢公。

③苏小：苏小小，南齐时钱塘一带的著名歌女，才情独具，容貌绝美，其家门前种植着很多杨柳。那些春风杨柳在浩瀚时空中飘拂了三百多年。此泛指名歌女。

④襟韵：襟怀韵致。休：指吉庆、美好、福禄。《诗经 · 商颂 · 长发》：“何天

之休。”郑玄笺：“休，美也。”

⑤尘：六尘，佛教所谓色、声、香、味、触、法。引申为尘世。冠：帽子。尘冠：在世做官时的官帽。挂：悬挂。却：退却。挂却：表示推却，即辞官。

⑥蹉跎：指时间白白地过去，虚度光阴。《晋书·周处传》：“欲自修改而年已蹉跎。”三国魏阮籍《咏怀诗》：“白日忽蹉跎，驱马复来归。”

赏析

从唐文宗大和四年（830），到文宗开成四年（839），杜牧在宣城任职长达十年。在即将离开宣城赴京之时，他的朋友裴坦正好从外地回到宣城，故人重逢，让杜牧对人生感慨不已，于是写了这首《自宣城赴官上京》。

首联“潇洒江湖十过秋，酒杯无日不迟留”，杜牧概括了自己在宣州长达十年的生活，“江湖”形象地表明自己的漂泊境遇，同时也暗喻自己仕途的艰险，但因为有了宣城的美好生活，反而让作者获得了黑暗社会中的暂时欢欣；“潇洒”并不必然表明自己在宣城生活的惬意，反而对于不能报效国家处于无用武之地的杜牧来说，是种折磨，因而“潇洒”只是反语而已，但如果联系到作者在艰险社会中的遭遇，在宣城的快乐或许是他真正的潇洒和喜悦。第二句写自己每日饮酒，从不间断，表面上是纵酒的快乐，其实或许也能够理解为作者只是借酒浇愁，突出自己内心的诸多苦闷，但无论如何，宣城的美酒毕竟带给了杜牧排遣抑郁的欢愉。

第二联“谢公城畔溪惊梦，苏小门前柳拂头”，这两句运用典故，作者和谢朓同样热爱并陶醉于宣城的快乐生活，像苏小小那样

>题解

这首借物抒怀的作品，从字面上可了解作者是告别宣州，踏上赴官上京的旅途。该诗字里行间透露出作者在宣州十年的逍遥快乐，对往昔的怀念和对离别宣州眷念的不舍。今昔的对比，抚今追昔的情怀，都暗含着诗人现实的块垒和深藏于内心的悲苦。

的歌女也打动并迷醉了杜牧，让他沉湎于宣城的歌舞和美女，含蓄的抒情体现地都是在离别宣城之际，对往昔快乐的追忆，对宣城的深深依恋。

第三联“千里云山何处好，几人襟韵一生休”，作者突然跳出对宣城的赞美和迷恋，转而疑问大江南北的美丽风光，这种欲擒故纵的表现手法，所形成的是用更多的迷人风光来烘托宣城对作者的重大意义，突出的仍然是对宣城的喜爱。“几人襟韵一生休”，面对如此的迷人风光，又能有多少人会停息玩赏的心意呢？言外之意，作者对宣城的热爱会伴随终生。这两句抒情更加含蓄委婉，而表达的对宣城的不舍之情却更加深厚。

第四联“尘冠挂却知闲事，终把蹉跎访旧游”，在前句中，作者对于功名利禄，将其表达为“尘冠”，体现出对仕途的无望和悲观，从而有了辞官闲居的愿望；后句中想象自己如果仕途不顺、有志难伸，只能虚度人生的话，定然会回到宣州。这样的虚写，突出表达的仍然是宣州给作者所带来的人生快乐是难以忘怀和割舍的。

总之，这首诗自始至终，运用了铺陈手法，多角度、多层面地表达了诗人对宣城的喜爱和眷恋、眷念、不舍之情。

商山麻涧[①]

云光岚彩四面合，柔柔垂柳十余家。
雉飞鹿过芳草远，牛巷鸡埘春日斜[②]。
秀眉老父对樽酒，茜袖女儿簪野花。
征车自念尘土计[③]，惆怅溪边书细沙。

>注释

①商山：在今陕西省丹凤县城西 7.5 公里丹江南岸，其地险峻，林壑深邃。麻涧：在熊耳峰下，山涧环抱，周围适宜种麻，因名麻涧。

②埘（shí）：古代称墙壁上挖洞做成的鸡窝。

③征车：远行人乘的车。

> 题解

这首诗是诗人由宣州经江州回长安途中路过商山麻涧时所作。这首诗是诗人为记录在此处的所见所闻所感而作，表现了作者对恬静美好田园生活的向往和热爱，以及在即将离开村庄时内心的留恋与不舍。

赏析

首联“云光岚彩四面合，柔柔垂柳十余家”，前句描绘春日的美好景象，似梦似幻，“岚彩”一词给人强烈的视觉感受，“四面合”三个字将空间扩大，表现了春阳普照山间的恢宏景象。后句中山涧中的村落，柔柔的柳条低垂掩映着参差错落的瓦房，经过旅途的孤单劳累，诗人看到山村的惊喜就不言而喻了。本联中的写景体现出由远到近的顺序。

颔联“雉飞鹿过芳草远，牛巷鸡埘春日斜”，春天的夕阳就要落下，野鸡、獐鹿飞奔过草丛，牛、鸡也要归家了，所有这些都显得热闹又温馨，作品也由首联的静态描写转为动态描写，充满了生机和活力，这种以动衬静的手法，体现了乡村生活的平静与祥和，这些都似乎带给作者如家般的温暖感觉，内心的感觉也更加温暖和愉快。

颈联“秀眉老父对樽酒，茜袖女儿簪野花”，眉毛、头发花白的老人在悠闲地饮酒，身穿漂亮衣服的女孩在把花朵插到头上，这种家人团聚的温馨富足幸福的生活，对于颠沛流离的诗人来说，是多么的喜爱和向往呀，其中的感情也由前两联的愉快转入对自己境遇的暗伤，只是更加含蓄而已。

尾联“征车自念尘土计，惆怅溪边书细沙”，作者为了功名利禄奔波劳累，深陷不得志的官场心力交瘁，眼前的宁静、祥和、与世无争、自由自在、淡泊恬静的村居生活，让作者充满了惊叹和羡慕，但也更多的是不能享有的遗憾、失落和无奈。

这首作品中，世外桃源般的生活在作者笔下充满了无限的魅力，让作者欢喜又自伤，意境优美、情感丰富，诗情画意非常浓郁。

在艺术构思和表现手法上，远景近景相结合，动静相生，以动衬静，情景交融，将美丽的自然风光和田园景象以及作者愉快又失落的情感完美地结合起来，很容易地打动了人心。

丹　　水

何事苦萦回①，离肠不自裁②。
恨声随梦去，春态逐云来③。
沉定蓝光彻，喧盘粉浪开。
翠岩三百尺，谁作子陵台④？

>注释

①萦回：回旋环绕。
②自裁：自知，自己约束。
③春态：春姿，春日的景象。
④子陵台：东汉严子陵隐居钓鱼处。

>题解

杜牧被贬之后，又接到朝廷让他回京当官的任命。在回京途中路过丹江，被丹江宜人的景色所吸引，触景生情，有感而发，随即写下了《丹水》一诗。整首诗体现了作者深深的悲痛，也许丹江的美景让作者暂时忘却了内心的痛苦，但毕竟抑郁难以排遣，而自己要面临的可能是更深的痛苦。

赏析

杜牧的这首《丹水》，景色描写逼真形象，真切地抒发了作者内心抑郁的情感，是一篇难得一遇的好诗文。

杜牧熟读史书，看透时局，明白当时的唐王朝是似欲中兴实则无望的时代，面对内忧外患，他忧心如焚，渴望力挽狂澜，济世安民，却又无能为力，只能一腔悲愤。因而诗一开头直抒胸臆、开门见山，以一句“何事苦萦回”，有什么事情使痛苦一直环绕呢，直接表达了作者内心的痛苦与抑郁。之后又一句“离肠不自裁”，让痛苦离开但自己又无法控制，使人们看到杜牧对于痛苦想赶快消除、排遣，自己却根本无法约束的无可奈何。仅仅是首联，就已经让读者了解了杜牧在写诗时内心的悲痛。

颔联和颈联主要是描写杜牧在接到回京任命后，在回京途中路过丹江，对于所看到的美丽的丹水的景色描写。而一句“恨声随梦去”，恨意随着梦而远去，起到了承上启下的作用。既承接了首联作者想要痛苦快快排遣，又连接了下面对于景色的描写。“春态逐云来”，春日的景象追着云来到了作者身边。运用了拟人的修辞手法，既点明了写作时间是在春天，又好像作者拨云见雾一般在痛苦的内心中看到了一丝希望，希望自己在任命后可以为唐王朝效力，使唐王朝摆脱现在的困境，回到曾经的盛世。这正体现了他的兴致勃勃、踌躇满志。但由此也可以理解为作者在以春天的美好来反衬自己内心的悲痛。

“沉定蓝光彻，喧盘粉浪开。”是对丹水景色的描写。体现了丹水的清澈和时而的波涛汹涌。描写具有动态美，使读者仿佛身临其境般地感受到了丹江的美丽与宜人。也许正是这美丽的景色使作者暂时忘却了内心的痛苦，感到了生活的希望。

尾联的“翠岩三百尺”中一个“翠”字，运用得生动形象，表现了岩石的翠绿。“三百尺”运用了夸张的修辞，体现了丹江瀑布的奔腾咆哮、腾空而下。最后一句“谁作子陵台”运用了东汉严子陵拒绝做官，建筑了子陵台来隐居的典故。又回到了作者起初的心情，满心的痛苦与抑郁，使作者怀疑自己在这个衰败没落的唐王朝中是否应该继续去做官，还是像严子陵一样不问世事，一心隐居。

丹江美景虽让作者暂时忘却了内心的痛苦，但毕竟不得志的抑郁悲愤却难以排遣。

初春雨中舟次和州横江裴使君见迎李赵二秀才[①]

芳草渡头微雨时，万株杨柳拂波垂。
蒲根水暖雁初浴，梅径香寒蜂未知。
辞客倚风吟暗淡，使君回马湿旌旗[②]。
江南仲蔚多情调[③]，怅望春阴几首诗。

> 注释

①使君：汉代称呼太守、刺史，汉以后用作对州郡长官的尊称，可以通俗地理解为先生。

②旌旗（jīng qí）：旗帜的总称。亦作“旌旂”“旍旂”“旍旗”，借指军士。

③仲蔚：晋皇甫谧《高士传》：“张仲蔚者，平陵人也，与同郡魏景卿俱修道德，隐身不仕。明天官博物，善属文，好诗赋，常居穷素，所处蓬蒿没人，闭门养性，不治荣名，时人莫识，惟刘、龚知之。”咏隐逸或贫困。唐李白《鲁城北郭曲腰桑下送张子还嵩阳》：“谁念张仲蔚，还依蒿与蓬。”

>题解

这是一首典型的惜春诗。在初春雨中，作者与裴使君乘舟迎接李、赵二秀才。全诗给人一种清新自然的感觉，很有生活气息，寓情于景，含蓄生动，虽有惜春的怅惘却不乏江南村落宁静祥和的气息。

赏析

本诗题目便交代了时间、地点、人物，奠定了本诗的叙事抒情基调，并以“初春”和“送迎”为中心展开全诗。

在这途中芳草、万柳、归雁、寒梅一一映入眼帘，一派初春之中寒意未消又不乏生机的画面。作者在欣赏赞美的同时，也无不表明了对离别的伤感，且引用了隐居江南的古人张仲蔚虽多情调也不免伤春的事实，表面写古人实则是诗人内心情感的真实写照，很含蓄。

首联从写景入手，表明写作地点“渡头”并交代了“微雨”，营造了一种唯美的意境，呼应了诗题。首联下半句一个“拂”字，用拟人的手法完美地点明了万株杨柳在微风下垂挂在水面随水波轻盈飘荡的动人画面。在作者心中那万株杨柳已不再是植物，分明已是个婀娜的少女了。整联给人描绘了一幅初春雨中渡口图。

颔联首句运用视觉和感觉等感官，由近及远，即由渡口转移到水中，“雁初浴”从侧面说明春水还略带寒意，因而

万株杨柳拂波垂

别的动物都还没有敏感到春天的来临，这就与诗题中的“初春”相呼应，表明早春时节。“梅径香寒蜂未知”，梅开寒冬，此时梅径尚香，表明余寒未去，因而蜂蝶未知，音信渺远。运用嗅觉从侧面表明春寒料峭的情景。

本诗前两联通过正面与侧面相结合的手法，展现了初春渡口春寒料峭又不乏生机的画面，很生动，为下文抒情做铺垫，并奠定了伤春的感情基调。

颈联情感又由轻松转为凝重，“吟暗淡”生动地表明“辞客”的怅惘，与前诗中芳草滋生、细流摇曳、归雁戏水、寒梅暗香的宁静祥和的场景形成鲜明对比。而紧接着便有“使君回马湿旌旗”的诗句。“回马”一词，使人感受到使君的豪爽与勇猛，给人以视觉的冲击力，可以想象作者与使君见迎二秀才时的欢乐和过后辞客归去的怅惘。

尾联引用张仲蔚这一隐者多情调也不免伤春的事实，丰富了诗作内容，增加了本诗的历史气息。借古人之口表达了作者对辞客归去、光阴不再的怅惘。对这美好的“春阴”，作者感叹自己只能用几首诗作为记录，时光易逝的惆怅不觉已满心胸，给人无限遐思。

全诗以新鲜的笔触描绘了江南初春全景的同时，又表达了作者对美好时光匆匆流逝而自己却又无能为力的无奈，既有清新的自然，又有细腻的人情，诗作呼应紧密，扣题周密，读起来朗朗上口，百读不厌。

题乌江亭[1]

胜败兵家事不期[2]，包羞忍耻是男儿[3]。
江东子弟多才俊[4]，卷土重来未可知。

>注释

①乌江亭：在今安徽和县东北的乌江浦。《史记·项羽本纪》载：项羽兵败，乌江亭长备好船劝他渡江回江东再图发展，他觉得无颜见江东父老，乃自刎于江边。

②事不期：是说胜败的事，不能预料。

③包羞忍耻：意谓大丈夫能屈能伸，应有忍受屈耻的胸襟气度。

④江东：指江南苏州一带。

> 题解

杜牧在唐武宗会昌中（841—846）官池州刺史时，过乌江亭，写了这首咏史诗。此诗与后面所选《赤壁》诗一样，议论战争成败之理，提出自己对历史上已有结局的战争的假设性推想。项羽溃围来到乌江，亭长建议渡江，他愧对江东父兄，羞愤自杀。这首诗针对项羽兵败身亡的史实，批评他不能总结失败的教训，惋惜他的“英雄”事业归于覆灭，同时暗寓讽刺之意。

赏析

首句“胜败兵家事不期”，“期”的含义是“意料”，本句是说，历史上的胜败往往是很难预料。这句话绝非评价历史现象，而是有着作者杜牧对项羽评价的言外之意，这就是项羽不应该在暂时的兵败也就是垓下之围的时候因为意气而自刎，而应该襟怀开阔、胸怀智慧地看待失败。

第二句“包羞忍耻是男儿”，表面含义仍然是充满了普遍性的历史评价，但其深层含义仍是针对项羽的评价，批判讽刺项羽不能忍受暂时的失败屈辱，心胸狭隘、目光短浅，缺乏能屈能伸的大丈夫气概。

前两句充满了作者对项羽的遗憾、失望和批判，可谓以“抑”的手法开篇。

后两句“江东子弟多才俊，卷土重来未可知”，是说项羽如果能够渡过乌江而脱离险境，回到当初起义的地方，仍然会赢得江东父老的拥戴，重新组织起大军，仍然有和刘邦争夺天下的实力，并改变历史的可能。

后两句属于纯粹的浪漫想象，历史哪里容得虚构式的改写呢？熟读历史经典的杜牧难道不知道这种想象的苍白和虚无吗？但是杜牧仍然把这种浪漫的想象和虚写表达出来，这样的表达具有什么样的现实感受呢？如果理解到杜牧处于晚唐这样的衰败期，加之盛唐带给像杜牧这样有匡时济世理想文人的向往，就不难理解杜牧这样的虚写还有渴望大唐回到强盛时期的期盼和渴望，体现出深深的爱国之情。

总之，杜牧这首怀古咏史之作，浸透着浓厚的现实忧患意识和报国愿望，但也暗含着无奈的抑郁和痛苦。

题 武 关

碧溪留我武关东，一笑怀王迹自穷[①]。
郑袖娇娆酣似醉，屈原憔悴去如蓬[②]。
山墙谷堑依然在，弱吐强吞尽已空。
今日圣神家四海，戍旗长卷夕阳中。

>注释

①怀王：楚怀王熊槐（？一前296），战国时期楚国的国君，为楚威王之子，楚顷襄王之父，公元前328至公元前299年在位。

②屈原：名平，字原，又自云名正则，字灵均，汉族，战国末期楚国丹阳（今湖北秭归）人。屈原虽忠事楚怀王，却屡遭排挤，怀王死后又因顷襄王听信谗言而被流放，最终投汨罗江而死。屈原是中国最伟大的浪漫主义诗人之一，代表作品有《离骚》《九歌》等。

题解

这是一首咏史诗。唐文宗开成四年（839），杜牧由宣州赴长安，途经武关时，吊古伤今，感叹时事，写下了这首《题武关》。其中的雄心壮志的激情、无可奈何的痛苦、忧国忧民的深沉以及敬仰先贤、感伤自己的情感，具有撼动人心的魅力。

赏析

诗作首联开门见山，叙述诗人来到了武关的东边，描写清清溪水从眼前汩汩流过，好像在向行人诉说着前朝的史事。诗人举目眺望，可笑当年那昏庸怯懦的怀王入关投秦，一去不返，如今除了关塞依旧，没有留下任何遗迹。这里运用拟人的手法，诗人把自己在武关的盘桓说成是“碧溪”的相留，将情感十分自然地转到对这一历史的联想上来。“一笑怀王迹自穷”，是诗人对楚怀王的悲剧结局的嘲弄，更有对怀王其人其事的感叹、痛恨和反思。

颔联紧承这一脉络，具体地分析了“怀王迹自穷”的根源。讲述了怀王在郑袖、靳尚等一群佞臣小人的包围下，放逐屈原，终于走上绝齐亲秦的道路，最后为秦伏兵所执而客死秦国的历史故事。诗人从历史中感悟到怀王的悲剧结局完全是由于他亲小人、疏贤臣的糊涂昏庸所致，是咎由自取，罪有应得。因此诗人在颔联中极为深刻地揭示了这一内在的根源。这两句诗对比强烈，内涵丰富。郑袖“娇娆”可见其娇妒、得宠之态，而“酣似醉”足见怀王对她的宠幸和放纵。屈原“憔悴”可见其形容枯槁、失意之色，而“去如蓬”足见屈原遭放逐后到处流落，无所依归的漂泊生涯。诗人正是通过小人得势、贤臣见弃这一形象的对比，婉转而深刻地指责了怀王的昏聩，鞭挞了郑袖的惑主，以及痛惜屈原的被逐。

颈联从对历史的沉思、叙述过渡到抒发眼前的感喟。如桅杆耸立的峰峦，似壕沟深长的山谷依然存在，而弱肉强食七国争雄的局面却像过眼烟云尽已成空。诗人通过对江山依旧、人事全非的慨叹，表达了自己的情感。颈联的感慨实际上是对上联所叙述史事的寓意的进一步延伸。

最后，诗人的眼光再次落到武关上。如今天子神圣，四海一家，天下统一。武关上长风浩荡，戍旗翻卷，残阳如血。杜牧具有远大的政治抱负，他的理想社会就是盛唐时期统一、繁荣的社会。但是在晚唐时期，尽管形式上维持着统一的局面，实际上中央王朝在宦官专权、朋党交争的局面下势力日益衰败，地方藩镇势力日益强大。这使怀有经邦济世之志和忧国忧民之心的诗人忧心忡忡，面对唐王朝渐趋没落的国运，诗人站在武关前，思绪万千，于是他希望唐王朝统治者吸取楚怀王的历史教训，任人唯贤，励精图治，振兴国运。同时也希望那些拥兵割据的藩镇不要凭恃山川地形的险峻，破坏国家统一的局面，否则，不管弱吐强吞，其结局必将皆成空。这首诗起于武关，落于武关，将与武关相连的特定的历史情节和山川形胜的自然背景构筑在一起，思绪纵横，立意深沉而含蕴。

题青云馆

虬蟠千仞剧羊肠①，天府由来百二强②。
四皓有芝轻汉祖③，张仪无地与怀王④。
云连帐影萝阴合，枕绕泉声客梦凉。
深处会容高尚者⑤，水苗三顷百株桑⑥。

>注释

①虬蟠：像龙蛇一样盘曲相纠。羊肠：喻指崎岖曲折的山间道路。

②天府：指肥沃、险要、物产富饶的地区。

③“四皓”句：据晋皇甫谧《高士传》卷上，四皓都是河内轵人。秦始皇时，见秦政暴虐，就退入兰田山，而作歌云：“莫莫高山，深谷逶迤。煜煜紫芝，可以疗饥。唐虞世远，吾将何归？驷马高盖，其忧甚大。富贵之畏人，不如贫贱之肆志。”于是共入商洛，隐于地肺山，及秦败亡，汉高祖征之，不至，深匿于终南山。

④张仪：战国魏人。相秦惠王，以连衡之策说六国，使六国背纵约而共同事秦。据《史记·屈原列传》：“秦惠王令张仪佯去秦事楚，曰：‘秦甚憎齐，……楚诚能绝齐，秦愿献商於之地六百里。’楚怀王贪而信张仪，遂绝齐，使使如秦

受地。张仪诈之曰：‘仪与王约六里，不闻六百里。’”
⑤高尚者：像商山四皓那样的高士。
⑥水苗：稻种。

赏析

首联前句“虬蟠千仞剧羊肠”，运用比喻，通过虬蟠、羊肠，生动形象地表现了作者途经青云馆的所见所闻，着力描写了青云馆的地理位置，沿途山间道路的盘曲、蜿蜒、曲折，突出了青云馆的特点。第二句，“天府由来百二强”，运用典故，通过天府，表现了青云馆这里土地富饶、地势险要。

颔联运用四皓、张仪的典故，通过四皓由于厌倦秦政暴虐，从而退入兰田山的辞官归隐衬托出了作者向往农桑之乐；通过张仪去秦事楚，而又诈之曰：“仪与王约六里，不闻六百里。”写出了政治上的钩心斗角，反衬出了作者向往归隐生活，忘世的心情。

颈联“云连帐影萝阴合，枕绕泉声客梦凉”，客寓的帐帷几乎要高接到天空中的云彩（暗寓客馆所在的地势高峻），寄生于树木上的菟丝子（即女萝）正悄然地向着客舍方向爬行生长（说明客馆的位置处于浓荫的树木围合之中）。清澈的泉水潺潺流动的声音，使人在旅途游客枕上的夜梦，仿佛都掺入了些许可人的凉意。仅仅十四个字，即将山高云低、绿树合围、泉水叮咚、景色雅静的商州客馆环境之美概括书尽，真够得上人与自然的完美结合。通过视觉、听觉、感觉的描写，描绘出了一幅清幽、寂静的画面，突出了青云馆的特点。同时“客梦凉”也表现出了作者漂泊在外的孤寂以及对家乡的思念之情。

尾联前半句“深处会容高尚者”，写出了作者在青云馆会见像四皓那样隐居的高士，也更加突显了这里的清幽、寂静，体现出作者对这种农家隐居生活的向往，以及作者的忘世之情。“水苗三顷百株桑”，通过对水苗、树木及环境的描写，描绘出了一幅清幽的田园风景，表现出了青云馆自然风景的美丽，让人有心旷神怡之感，以此衬托出了作者对于这种归隐生活的向往以及忘世之情。

>题解

唐文宗开成四年(839)作，时杜牧由宣州赴京途经青云馆。清钱谦益、何焯《唐诗鼓吹评注》卷六："此言商山之高如龙盘屈曲，险于羊肠，乃天府之地，有百二山河之壮，四皓于此采芝，张仪于此拒楚，芳踪胜迹，固彰彰在人耳目者。然是馆也，帐连云而萝阴合，枕绕泉而客梦凉，高人隐居于此，则有农桑之乐，可以忘世，其何事驰情于利禄哉！"青云馆，在商州商洛县南。

别　怀[1]

相别徒成泣[2]，经过总是空。
劳生惯离别[3]，夜梦苦西东。
去路三湘浪[4]，归程一片风。
他年寄消息，书在鲤鱼中[5]。

>注释

①别怀：惜别的情怀。
②徒：步行。
③劳生：指辛苦劳累的生活。
④三湘：是湖南省的别称。“三湘四水”一词对中国人来说是非常熟悉的，无论是媒体还是人们在日常交流中，都爱用“三湘四水”来代指湖南。“三湘四水”中的“四水”是指湘江、资江、沅江、澧水四条河流，这基本取得了共识，但对“三湘”一词的理解却各有不同。
⑤“书在”句：鲤鱼传书的故事，发生在汉朝。有一首汉乐府诗是这样写的：“客从远方来，遗我双鲤鱼。呼儿烹鲤鱼，中有尺素书。长跪读素书，书中竟何如。上言加餐饭，下言长相忆。”意思是说，有远方来客，送给主人一对鲤鱼，叫儿子剖开鲤鱼烹食，却发现鱼腹中有一尺长的帛书。书信上讲的是劝他多加餐饭，同时表达了长久思念之情。

这就是“鲤鱼传书”的典故。相近词有鸿雁传书、鲤鱼传书、木鹅载表、竹筒传书、木系诏书、风筝通信、飞鸽传书。

赏析

首联“相别徒成泣，经过总是空”开明宗义，直抒胸臆，在离别之时边走边哭泣，相别的难舍难分与忧愁哀伤直接表现出来，为全诗奠定了哀伤的感情基调。“经过”即为“相别”点明了作者将离开故土远赴他乡。“空”字引发了作者对人生的喟叹，情感万头千绪，盛世已经远去，犹如香尘飘散、云烟过眼，让作者深刻感受到了国势日衰和自己赋闲的境况，生不逢时的无奈与空虚之感自然地袭上心头。“空”前又饰一“总”字，增强语气，倍显浓浓的感情色彩。

颔联“劳生惯离别，夜梦苦西东”是说作者辛苦劳累地生活着，离别已成为常事，“劳”与“苦”则体现出作者对四处幕僚生活的艰辛与不快。“西东”体现出长期漂泊在外的无依之感。虚实结合，无论在现实生活中还是在梦中都无法摆脱别离之苦痛，更加表现了苦痛之深。

颈联“去路三湘浪，归程一片风”意思更进一层，离开故土踏上征程，运用比喻的修辞，这路就像三湘的浪花一样汹涌起伏，

> 题解

此诗作于诗人将离开长安赴任黄州刺史之时（842），诗人时任比部员外郎，清闲无为，壮志难酬，经历了各地幕僚的生活，远离故土，作客他乡，孤独寂寞，思乡念亲，这首诗主要表达了对故乡的不舍和留恋。

生动形象地表现了路途的坎坷与艰险，同时更象征着作者的仕途及国家命运的波折和不如意，自己的远大理想抱负无法施展。归程则像风一样，回家的路依然如此。“风”又体现了作者四处奔波任职、远离家乡的孤独情感，也蕴含国家在风雨中飘摇欲坠之意。“三湘”是指作者即将离开长安赴黄州担任刺史，与后句的“一片”恰好形成对照，作者对自己的前途感到迷茫和不知所措，同时也更为国事担忧，为自己无法施展平生抱负而忧愤，这一切无不包容其中，言简而意深，含蓄而沉郁。

尾联“他年寄消息，书在鲤鱼中”构思巧妙，运用典故表达作者长期的思念之情，点明主旨。

全诗语言精巧，含思婉转，情感质朴而深刻，哀婉却宽广无穷。

早　雁

金河秋半虏弦开①，云外惊飞四散哀。
仙掌月明孤影过②，长门灯暗数声来③。
须知胡骑纷纷在，岂逐春风一一回？
莫厌潇湘少人处，水多菰米岸莓苔。

>注释

①金河：在今内蒙呼和浩特市南。秋半：八月。虏弦开：指回鹘南侵。
②仙掌：指长安建章宫内铜铸仙人举掌托起盛露盘。
③长门：汉宫名，汉武帝时陈皇后失宠时幽居长门宫。

> 题解

唐武宗会昌二年（842）八月，北方边塞外的回鹘族侵犯唐朝的边境，导致百姓流离失所。杜牧当时正在黄州担任刺史，闻此战乱非常愤慨，写作了这首作品。杜牧的这首《早雁》属于咏物诗，借物抒怀。大雁带给作者的不仅是物候、时令的变化，更有漂泊思念、忧念塞外的种种感受。

赏析

首联“金河秋半虏弦开，云外惊飞四散哀”，前句点明时间、历史事件，交代了诗的写作背景和缘由，贼寇在秋天张弓射箭来侵犯边境，紧张的战争氛围立时得以渲染和表现，作者的焦虑、担忧和报效朝廷的愿望，都立刻得以体现。后句景色描写，侧面烘托了敌寇来势汹汹，扰乱边境，老百姓四散逃窜，背井离乡、流离失所，战争的苦难令作者心痛，诗人同情战乱中的百姓，愤恨战争，充满了对敌寇的憎恨，这句的描写包含了环境、视觉、心理等多种手法，抒情痛苦而深沉。

第二联“仙掌月明孤影过，长门灯暗数声来”，这两句描写了长安城高悬的孤月，皇宫灯光的暗淡并传来打更的声音，意境凄凉。这样的描写并不仅仅表现京城长安的夜景，如果联系到首联敌寇所造成的战乱和百姓的苦难，第二联这两句的深刻情感就可以理解为，诗人对晚唐统治者在面对敌寇入侵所表现出的软弱和对百姓痛苦冷漠的无奈和愤怒，如果朝廷能够积极应战，打败敌寇，哪里会有边民的悲惨逃难呢？这两句抒情非常含蓄，也表露了作者在没落晚唐朝廷中的艰难处境及其抑郁和苦闷的心情，敢怒而不敢言，不能实现志向，拯救苦难的百姓。

第三联“须知胡骑纷纷在，岂逐春风一一回？”这两句，前句呼应首联的前句“金河秋半虏弦开”，是说边境的危机仍在，人民仍在苦难中，这样的现实让作者非常的忧虑和痛苦。后句中的“春风”则是比喻修辞，比喻朝廷抗击敌寇入侵的大好形势，后句的意思是说，朝廷什么时候才能够把入侵的敌寇驱逐出境，解救苦难中的人民呢？含蓄的抒情，充满了对朝廷的期盼。

第四联“莫厌潇湘少人处，水多菰米岸莓苔”，这是作者在劝慰“大雁们”，不要嫌弃南方的空旷，这里有菰米和莓苔这样的食物能够让你们填饱肚子免于饥饿，很显然“大雁”比喻的是流离失所的北部边疆的人民，这两句表达了作者对他们深深的同情，也暗含着对朝廷冷漠对待战争的痛苦和无奈。

总之，杜牧的这首作品，情感沉郁，手法含蓄，充满了丰富的思想和情感，显示了忧国忧民的崇高情怀。

初冬夜饮

淮阳多病偶求欢①，客袖侵霜与烛盘②。
砌下梨花一堆雪，明年谁此凭栏干？

>注释

①淮阳：指西汉汲黯。欢：指代酒。
②霜：在这里含风霜、风尘之意，不仅与“初冬”暗合，更暗示作者心境的孤寒。

> 题解

唐武宗会昌二年（842），四十岁的杜牧，因为刚直敢言，被宰相李德裕排挤陷害，被贬谪为黄州刺史，后又在池州、睦州等僻远之地为官。此诗大致作于睦州，抒发对仕途坎坷的痛苦。

赏析

诗歌题目《初冬夜饮》点明时令、时间和事件，初冬既表明时间的流逝，旧的一年就要过去，又表现了环境的寒冷；"夜"暗示孤独、寂寞，加之饮酒，更能体现彻夜难眠的痛苦和忧虑。

首句"淮阳多病偶求欢"，表现了诗人身体衰弱多病，"偶求欢"是说欢乐的生活太少了，开篇情感充满了悲伤、痛苦，奠定了抑郁悲苦的抒情基调。

第二句"客袖侵霜与烛盘"，这句中的"客"表明了作者远离故乡、远离亲人、漂泊在外的境遇，联系首句作者多病的现状，就更能体会到诗人此时孤单寂寞、思念亲人的强烈情感，也更能表现作者此刻内心的凄凉；冰冷的寒霜、摇曳的烛光，衬托了环境的寒冷和内心的悲苦。

第三句"砌下梨花一堆雪"，这句从前两句叙述与写景的结合，转为全然的写景，也由室内转为室外的景色描写，台阶下，洁白的雪好像梨花铺地，此句的环境似乎变得美丽、洁净起来，但如果联系前两句的环境和作者的多病，这句就必须理解为乐景衬哀情的表现手法，这也就和第四句的感情有了紧密的共性特征。

第四句“明年谁此凭栏干”，作者靠着栏杆看着这冬天的景色，一年又要过去，明年的这个时候谁还会在这里呢？这句中的“谁”其实就是诗人杜牧自己，这样的疑问，其实充满了深深的担忧，这种担忧联系首句的“多病”，表现的应该是诗人对自己身体衰弱可能无法熬到明年的忧虑，加之仕途的不顺利，漂泊在外的孤寂，其中的痛苦情感令人唏嘘不已。

这首作品真切地抒发了作者身患疾病的悲苦心理，写景抒情，都笼罩着深深的哀伤和悲观情愫。

赤　　壁

折戟沉沙铁未销①，自将磨洗认前朝②。
东风不与周郎便③，铜雀春深锁二乔④。

> 注释

①折戟：折断了的戟，赤壁之战留下来的残旧兵器。铁未销：铁还没有完全锈蚀掉。

②将：拿。认前朝：认识到是前朝的遗物，同时也包含着要认识前朝经验教训的意思。

③不与：不给。

④二乔：指东汉末年乔公的两个女儿。乔家两个女儿原来大门不出，二门不迈，现在二位小姐惊人的美貌却在一路上有机会得以展现，看到二乔，人们都说看见仙女了。这话就悄悄传扬了开来，甚至连远在洛阳的曹操和曹植父子都听说了江东二乔的美名。孙策是当时远近闻名的“虎将”，被封为吴侯。周瑜也是当世英雄，还容貌俊秀，精于音律，至今还流传着“曲有误，周郎顾”的民谚。《三国志》记载，孙策“美姿颜”，周瑜

"有姿貌"，可见都是完美的奇美男子，二乔得此二人也算是琴瑟和谐了。

赏析

"赤壁"是古典诗词中非常重要的意象，所象征的含义和蕴含的感情都是非常丰富的，有建功立业的壮志豪情，有壮志未酬的哀叹抑郁，更有对国家命运的思考等诸多思想情感，这中间往往蕴含着作者怀古伤今、借古讽今、含蓄比喻等众多的写作手法。

首句"折戟沉沙铁未销"，面对滔滔长江，历史的烟云翻滚，赤壁大战的遗迹仍然可见，沉没的战船、铁戟还在，历史的沧桑感油然而生。

第二句"自将磨洗认前朝"，斑斑的锈迹去掉之后，前朝的印记赫然出现，作者的思绪也被引到那场决定历史进程的重大战争，作者的怀古之情更加浓重。

后两句"东风不与周郎便，铜雀春深锁二乔"，这两句是说，如果没有了那场东风，雄才大略、足智多谋的周瑜，就很难实现壮志，那么美丽的大乔和小乔也就会被战争的胜利者曹操占有。面对历史遗迹，杜牧的浪漫情怀再次展现，假设历史，空想历史结局，这样的感慨是否就是空中楼阁、海市蜃楼的

> 题解
>
> 这首诗是作者经过赤壁（即今湖北省武昌县西南赤矶山）这个著名的古战场有感于三国时代的英雄成败而写下的。诗以地名为题，实则是怀古咏史之作。在气势磅礴的历史感悟中，壮志的激发，建功立业的渴望，无用武之地的怅然，以及对国运的忧虑等丰富的情感都蕴含在其中了。

虚无情怀呢？

实则不然，杜牧的这首怀古诗，具有强烈的现实意义，并非只是浪漫的空想，联系到杜牧在晚唐的政治处境，就会更加深入地理解这首作品所暗含的现实感慨。杜牧才华横溢，满怀报效朝廷的壮志和愿望，但是朋党的争斗、皇帝的昏庸、藩镇的割据等众多黑暗现状，让杜牧有志难伸、备受打击和排挤，根本没有实现志向的像周瑜那样的“东风”，作者的现实遭遇和周瑜的意气风发形成了鲜明的对比，因此这首作品除了直接表达对周瑜的敬仰、赞美之外，蕴含的是更加深沉的作者有志难伸的抑郁和苦闷。

总之，这首《赤壁》实写和虚写相结合，怀古和伤今相映衬，歌颂和悲伤相融合，具有丰富和深刻的思想与情感。

清　明[①]

清明时节雨纷纷，路上行人欲断魂[②]。
借问酒家何处有[③]？牧童遥指杏花村。

>注释

①清明：我国传统的扫墓节日，在阳历四月五日前后。

②欲断魂：形容愁苦极深，好像神魂要与身体分开一样。

③借问：请问。

>题解

清明节中既有祭扫新坟生离死别的悲酸泪，又有踏青游玩的欢笑声，是一个富有特色的节日。这首诗描写清明时节的天气特征，抒发的则是孤身行路之人的落寞情绪和排解思念之苦以及旅程劳顿的情感。

赏析

清明节气，大地即将回暖，春风会更加骀荡，万物就要重新焕发出勃勃生机，这也是新生命开始并追忆逝去生命的时节。

首句“清明时节雨纷纷”，纷纷春雨，非常的珍贵，只是在清明这样凭吊先人、祭祀祖先的日子，这样的雨增添了人们的愁绪和悲伤，烘托了作品所弥漫的愁苦情感。

第二句“路上行人欲断魂”，这句中的“行人”不单是行走在路上的村民，也包括像杜牧这样羁旅在外的游子，特别是在清明的时候，漂泊在外的人更有了远离故土、思念亲人的情感。在凄迷的春雨中，在凭吊亲人的季节里，作者行走在他乡的路上，心里的伤痛会更加深厚和浓重。

第三句“借问酒家何处有？”“借问”是“请问”的意思，或许是路程的劳累，但更多的是内心在清明节的很多悲伤的情感，让作者难以抑制，于是要借酒浇愁。这个问句能够表现作者排遣悲伤之情的急切愿望，着急地问道“哪里有酒家呢？”

第四句“牧童遥指杏花村”，最后这句，丰富了作品的形象，春天里牧童的纯真、质朴和孩子所特有的快乐，都会勾起读者的想象，可爱的牧童，只看到作者问酒家的急切表情，哪里会了解到“借酒浇愁愁更愁”的苦楚，或许看到牧童回答时纯真的表情，作者内心不被人了解的悲伤定会更进一层。

杜牧的这首诗歌，语言朴素，不事雕琢，画面丰富，情感哀伤，具有动人心魄的巨大力量。

秋浦途中

萧萧山路穷秋雨[①]，淅淅溪风一岸蒲[②]。
为问寒沙新到雁[③]，来时还下杜陵无[④]？

> 注释

①萧萧：拟声词，形容雨声。
②淅淅：拟声词，形容风声。蒲：多年生草本植物，生池沼中，高近两米，根茎长在泥里，可食，叶长而尖，可编席、制扇，夏天开黄色花（亦称“香蒲”）。
③寒沙：称寒冷季节的沙滩。
④杜陵：在长安西南，樊川（诗人的老家）就在那里。

> 题解

秋浦，属于现在的安徽贵池，唐武宗会昌四年（844），杜牧因为受奸臣的排挤，被贬为池州刺史，赴任途中正值九月，此诗就创作于这个背景之下。凄凉的秋天加之被贬官的遭遇，让作者内心充满痛苦。

赏析

第一句“萧萧山路穷秋雨”，秋雨潇潇，连绵不绝，加之崎岖难行的山路，作品开篇的写景顿时营造了凄冷、悲伤的氛围，行走在山路，更容易让作者联系到自己在仕途中的“行走”，都是凄风苦雨、坎坎坷坷、跌跌撞撞，宦海也如这漫天的风雨，让作者倍感凄冷和行走的艰难。

第二句“淅淅溪风一岸蒲”，秋雨淅沥，溪水潺潺，岸边都是蒲苇，秋天的景象再次通过秋水、秋草得到勾画和渲染，秋草属于衰草，秋水也是冰凉的，看着这如时间流逝的溪水，想到人生岁月的无情流逝，看到这衰败的秋草，想到自己为官的失落和失败，触景生情，悲痛的情感令人同情。

第三句“为问寒沙新到雁”，这句是说，秋天的大雁南飞到这南方的沙地。大雁这个古典诗词中的传统意象寄寓了秋意渐浓、漂泊的游子思念家乡却不能归乡的痛苦等诸多含义。作者仰望看到了候鸟大雁，自然而然地就涌现出了想念家乡、盼望归家的情感。

第四句“来时还下杜陵无？”这句紧紧承接上句诗人对大雁的询问，作者问那飞来的大雁是否曾经在诗人北方的老家有过停留栖息？言外之意，作者问那大雁是否给自己带来了家乡的消息，作者对无情的鸟儿发出疑问，也就无从得到鸟儿的回答和家乡的消息，这种移情于物的手法，最终也就无法让作者排遣内心的痛苦，无法被无情的生物所理解，内心的痛苦会更加抑郁难消。

这首作品，创作背景是作者仕途的坎坷不顺利，写作的环境是在凄风苦雨的山路上，加之远离故土、备受孤寂思念煎熬的境遇，这些都使得这首诗充满了抑郁苦闷的悲伤之情。

题桃花夫人庙①

细腰宫里露桃新②，脉脉无言几度春。
至竟息亡缘底事③？可怜金谷坠楼人④。

>注释

①桃花夫人：春秋时的息君夫人，息国被楚国灭亡后，楚王贪图息君夫人的美貌，将其霸占，息君夫人落落寡欢，整天不发一言。楚王问她何故，息君夫人回答道：妇人安能事二夫，不能为贞洁而死，只能无语。息夫人对不幸遭际的无言抗争，传为美谈，直到唐代仍然有缅怀她的“桃花夫人庙”。

②细腰宫：楚宫，楚灵王好细腰。

③息：楚文王灭息国，夺息夫人。

④金谷：西晋豪富石崇爱妾绿珠，住金谷园，赵王伦专政，孙秀索绿珠，为石拒，孙乃诱司马伦杀石。石被捕时曰绿珠：“我今为尔得罪。”珠哭曰：“当效死于官前。”遂跳楼自杀。

>题解

这首咏史诗，抒情含蓄委婉，借古讽今，体现了杜牧对晚唐统治者荒淫奢华、不事国政的抑郁、无奈和满腔的愤慨之情。

赏析

第一句“细腰宫里露桃新”，据历史记载：楚王喜欢腰身纤细的美女，于是楚国的很多美女忍饥挨饿地让自己瘦下来，有美女甚至因此饿死，楚王的荒淫无道也就淋漓尽致地表露出来。本句中的“细腰宫”属于借代，借代楚王的皇宫，“露桃新”是说楚国的皇宫里来了桃花夫人。这句将“楚王好细腰，宫中多饿死”的历史典故化为“细腰”和“桃花”两个意象，鲜明地体现了诗作形象生动、画面感强的特点。

第二句“脉脉无言几度春”，这句直接叙写和表述桃花夫人在楚国宫殿里面对楚王无声地抗争，“几度春”这个时间是为了突出忍辱负重时间之长，桃花夫人痛苦之深重。

第三句“至竟息亡缘底事？”这句中作者在问“到底息国是因为什么原因而灭亡的呢？”那么息国是怎样灭亡的呢？历史有这样的记载：蔡侯贪图途经蔡国的妻妹息妫的美貌，于是在宴会上极力挑逗，而此时息妫却是息国息侯的夫人，得知此消息，息侯非常恼怒，只恨国力弱小无法洗去耻辱，于是就怂恿楚王来替自己报仇，但是所用的所谓谋虑确实很危险，因为楚国的贪婪和强大是令人生畏的。息侯的计策是，让楚王假装攻打息国，引诱作为息国盟国的蔡国来救，然后息侯在楚国的帮助下趁机抓住蔡侯。但是最终的结果是，楚王放走了蔡侯，而满怀怨恨的蔡侯则向楚王称赞息侯夫人的绝美容貌，于是禁不住美色的楚王囚禁了息侯，抢走了息侯的夫人，也就是后来历史上的“桃花夫人”，而自认为聪明的息侯最终郁闷而死。

谙熟历史的杜牧对这段历史非常熟悉，此时为何还要有如此的疑问？如果联系到唐代因为唐玄宗李隆基宠爱杨贵妃而由盛转衰的历史，这就不难理解杜牧在这句中所暗含的对唐代统治者荒淫误国的批判和讽刺。

第四句“可怜金谷坠楼人”，这句则转换了历史故事，跳出了“桃花夫人”的典故，而引用了西晋女子绿珠的故事。绿珠是豪强石崇的歌女，深得宠爱，而把持朝政的权贵孙秀贪恋绿珠的美色，于是设计囚禁了石崇，得知石崇因为自己而入狱，绿珠于是就跳楼自杀了。这句中绿珠为了节操性情刚烈、不畏权贵、勇于反抗，这和前三句中“桃花夫人”默默的忍受形成了鲜明对比，从而在同情之外，表达了对桃花夫人软弱的失望。

杜牧在这首诗中表达了对桃花夫人的同情与遗憾，更含蓄委婉地抒发了希望晚唐统治者汲取荒淫亡国的历史教训这样的思想情感，耐人寻味，引人深思。

雨中作

贱子本幽慵[①]，多为隽贤侮。
得州荒僻中，更值连江雨。
一褐拥秋寒，小窗侵竹坞。
浊醪气色严[②]，皤腹瓶罂古[③]。
酣酣天地宽，恍恍嵇刘伍[④]。
但为适性情，岂是藏鳞羽[⑤]。
一世一万朝，朝朝醉中去。

>注释

①贱子：谦称自己。
②醪（láo）：浊酒。
③皤腹瓶罂古：古时大腹小口的盛酒器。
④恍恍嵇（jí）刘伍：嵇刘：指嵇康和刘伶。与嵇康神交者唯陈留阮籍、河内山涛，豫其流者河内向秀、沛国刘伶、籍兄子咸、琅邪王戎，遂为竹林之游，世所谓“竹林七贤”也。
⑤藏鳞羽：比喻行迹。

>题解

唐武宗会昌三年至五年（843—845），正值壮盛有为之年的杜牧，分别为平泽潞、复河湟、讨江贼三次上书李德裕献兵策，而李德裕皆称善用之，但最后功成无赏，遭到宰相李德裕的排挤，长期在偏远地方任职，回朝亦无望，使杜牧对李德裕产生强烈怨恨的同时情绪低落，常常借酒浇愁，以排遣自己内心的抑郁与痛苦。熟读史书，看透时局，杜牧无法力挽狂澜，只得无奈将一腔悲愤交于酒肆。对于杜牧而言，饮酒，成了疗伤祛痛的乐事。

赏析

题目一是点明了季节，指当时正值秋季的雨季所作；二是指朝廷的混沌，以及诗人当时的仕途坎坷，排挤打压如大雨般倾盆泻下，使诗人内心极其的痛苦，处境十分艰难。政治的残酷、仕途的艰难、朝廷的黑暗、国家的衰落，都让杜牧痛苦万分，备受煎熬。

“贱子本幽慵，多为隽贤侮。”我本就幽深平庸，大多是被隽逸的才能欺侮、侵害。诗人自称“幽慵”，可见是仕途上遭受打击之后自嘲。他赋诗明志，著文上书，积极向当权者献计献策。但残酷的现实却是：“知己者不与同志（牛党），同志者不与相知（李党）。”在这种错位中，杜牧官场困踬，仕途坎坷，因此自嘲是被空有一身的俊杰才华所侵害，可见诗人对于当时朝中不公平现象的怨恨和愤懑，也可体会到诗人此时心情十分低落。

“得州荒僻中，更值连江雨。”会昌年间，杜牧先出任黄州刺史，后任池州、睦州刺史。远在荒僻之处，而此时江河日下的晚唐，盛唐气息已一去不返，诸帝才庸，边事不断，宦官专权，党争延续，一系列的内忧外患如蚁穴溃堤，大唐之舟外渗内漏。此处的“更值连江雨”运用了借代的修辞，正是用来借代晚唐的日渐衰微，陷入藩镇相继抗命的混乱局面，漏洞层出不穷，诗人想要为国效力，但是不被赏识，能更体会出诗人内心的矛盾和焦虑，也体现了诗人忧国忧民的爱国情怀，想要以才华示君，为国家效力，却无人赏识的无奈与担忧之情。

“一褐拥秋寒，小窗侵竹坞。”运用了起兴的手法，点明了写作的时间正值秋季，以天气的寒冷衬托出自己内心的寒冷、孤寂，暗引后文的愁苦之思。运用了寓情于景的写作手法，围绕“寒”字展开，点明了诗人夜晚的寂寞难耐、孤独痛苦。小窗、竹坞表现了诗人当时所处环境的艰苦，住竹楼，开小窗。一个“小”字也表现了诗人遇到了困境，认为自己人微言轻，力量渺小的无助之感以及诗人内心的茫然油然而生。

“浊醪气色严，皤腹瓶罂古。”运用了拟人的修辞，表面写浊酒实则写自己表情的严肃和痛苦，写酒具是皤腹瓶描绘出了诗人大口畅饮、一杯接一杯，已然喝得有些醉醺醺的场景。喝醉了却仍然“气色严”，表明了诗人以喝酒的方式来排遣内心痛苦，却依然愁苦，表明诗人内心抑郁之深、内心愁苦之浓重。

“酣酣天地宽，恍恍嵇刘伍。”此句用典。（刘伶同嵇康一样，不满于魏晋的当权者，“饮酒昏酣”“遗落世事”，整日颂扬老庄学说，纵酒清谈，除了借酒消愁，主要目的是隐于酒乡，遁世避祸。）此处诗人以刘伶、嵇康自比，诗人通过刘、嵇二人当时因遭到的排挤、打压而沉溺于醉，疏远世故，来表现自己也因受到了不公平的待遇而痛苦、抑郁、怨恨之情，抒发了自己不附流俗之志。也运用了借古讽今的手法，诗人与刘伶、嵇康命运的类似正是由于小人的排挤、君王的昏庸以及朝廷的腐败。此处我认为诗人此时未必意真在于酒，只是无法言喻的痛苦的一种排遣、抒发的方式，只是酩酊之后，方能暂时告别那如影随形的悲剧的缓兵之计，所谓盖时方艰难，人各惧祸，唯托于醉，更加表现出诗人有才华而不被赏识的无奈和难过。这种情感在杜牧后期的诗作中也有所体现，例如：《独酌》中的“独佩一壶游，秋毫泰山小”，《九日齐山登高》中的“但将酩酊酬佳节，不用登临恨落晖”。

“但为适性情，岂是藏鳞羽。”使用借代的修辞，用“鳞羽”来借代自己的行迹。诗人此时想要放荡不羁，随性而生，想要隐居田园，隐藏自己的行迹。诗人此时向往美好，不想再压抑自己的情感，诗人此时趁着醉意，想要将内心的委屈与痛苦一股脑儿抛开，只是追求田园中那种闲适的生活，表现诗人对美好生活的向往。此句很显然是诗人在饮醉之后内心对未来的路的想象。也很有可能诗人并没有醉，只是这种情感不能明说，诗人只是“以醉之名”希望人们把这当作是醉后的胡言乱语罢了。此句使读者深深体会到了诗人想要解脱的情感，在政局社会的种种矛盾现象之中，杜牧已深深察觉到了唐王朝的不可挽救，陷入了矛盾的泥潭中而不能自拔。杜牧有时也显得达观，仿佛看透世事一般要求从烦闷中解脱出来，而这等要求岂是一件易事？或许这就是所谓的悲剧是时代的必然，而杜牧则是悲剧的必然。

“一世一万朝，朝朝醉中去。”好像过了一世，更替了朝代，在醉中度过余生。表现了诗人对于唐朝统治者的失望，醉情饮酒而不理世事，只想在醉意中度过自己的一生，“朝朝”表明了诗人的痛苦，度日如年。可见诗人此时已经身心俱疲了，无奈、愁苦、抑郁、愤懑之情溢于言表。

题齐安城楼

呜轧江楼角一声[①]，微阳潋潋落寒汀[②]。
不用凭栏苦回首[③]，故乡七十五长亭。

>注释

①呜轧（wū zhá）：吹角声。
②潋潋：犹冉冉，渐近貌。寒汀：清寒冷落的小洲。
③凭栏：倚靠高楼的栏杆，用来表示忧愁、思念、独自沉思等情意。

> 题解

作者被贬为黄州刺史，登上齐安城楼想到了远在千里之外的家乡，抒发了有志难伸的块垒和对家乡的思念之情。

赏析

首句“呜轧江楼角一声”，作者不写连续的号角声，只写“一声”，突出的是临近夜晚的寂静，声音在暮色中苍凉而悠远，引起的定然是凄寒的感觉，“呜轧”是拟声词，触发了读者的听觉。

第二句“微阳潋潋落寒汀”，“潋潋”叠音词，增强了作品的形象性和画面感，江水的动荡和浩荡，都能够从这个叠音词中获得视觉的感受，极大地丰富了读者的联想。“微阳”是仰望苍茫长空，“寒汀”是俯视茫茫的江水，由高到低，意境开阔。“微”与“寒”两个形容词，体现了寓情于景的手法，在暮色苍茫、寒意渐起的时候，作者内心的悲伤与孤寂也随之更加浓郁。

第三句“不用凭栏苦回首”，凭栏远望，那是故乡的方向，思念而不能归去，连“远望”都让作者不忍心，那痛彻肺腑的伤心让作者无法排遣。“苦回首”意思是“以回首为痛苦”，为什么呢？是因为往事的情不能堪吗？作者在此欲抑先扬，用不愿凭栏免于痛苦的愿望来表现凭栏欲望故乡的痛苦。

第四句“故乡七十五长亭”，长亭更短亭，故乡愈加遥远。故乡就在那“七十五长亭”之外，“七十五长亭”将作者对故乡刻骨铭心的思念和追忆动人心魄地表现出来，远在千里之外的故乡，在离开之时，作者路过了七十五个长亭，如此的精确，足见作者当初离开故乡的依依不舍的痛苦，此时远离故乡不能归去的那份痛苦之情就更加的深厚。

杜牧的这首诗语言质朴，景色描写简约却饱含情感，简单几个意象就勾画了独立于暮色的情景，这是典型的白描手法的体现。在情感的抒发上更是真切动人，句句满含那不能归家的悲伤。

题 木 兰 庙

弯弓征战作男儿，梦里曾经与画眉[①]。
几度思归还把酒，拂云堆上祝明妃[②]。

>注释

①与：相当于“和”。

②拂云堆：在今内蒙古自治区的乌拉特西北，堆上有明妃祠。明妃：即自请和番的王昭君。

> 题解

杜牧担任黄州刺史时，创作了这首咏史诗，此时作者因为朝廷的黑暗，遭受贬谪，因此这首诗除了对木兰的赞美与歌颂之情，更蕴含着作者志向难伸的抑郁与感伤。

赏析

首句“弯弓征战作男儿”，开篇非常简洁地概括了木兰替父从军的历史故事，特别是木兰在北方为国征战的沙场上以男儿身份报效国家的这个典型情节，通过首句非常动人地展示出来。这句体现了作者对木兰孝敬父亲、热爱并忠诚国家的赞美，也蕴含着作者渴望像木兰那样为国立功的壮志豪情。

第二句“梦里曾经与画眉”，这句让读者联想到那首脍炙人口的《木兰辞》中关于木兰在闺房描眉化妆的描写——“当窗理云鬓，对镜贴花黄”，在《木兰辞》的这两句表现了此时木兰已经建立功业荣归故里的情景；而杜牧这首诗的第二句却用了“梦里”，这是典型的想象与虚写，是想象木兰在北方沙场总在梦里回想自己在家乡的闺房中的照镜化妆，很显然这是杜牧对《木兰辞》语句的化用，这句和首句形成了虚实结合的写作手法，更突出了木兰勇敢无畏、报效国家的伟大精神。

第三句“几度思归还把酒”，“几度”

表现的是经常、长久的意思，“思归还把酒”，意思是说，思念家乡不能回去就去饮酒。这句表现了木兰远离家乡作为女孩儿所具有的更加深厚的思念亲人的情感，较之男儿志在四海的粗犷与豪迈，女孩所具有的柔情与柔弱，更能体现出对家、对亲人的依恋，作者在这里浓墨重彩地展示木兰思念之情的悲伤，更加突出了木兰的崇高和伟大。在这里“思家”和“报国”情感的矛盾，“家”的温馨和“边疆”苦寒的对比，这些都凸显了木兰的精神，也更体现了作者对木兰的赞美和敬仰。

第四句“拂云堆上祝明妃”，这句中运用了“昭君出塞”的历史故事，“明妃”就是王昭君。而“拂云堆”位于黄河北岸，是北方胡人祭祀求福的地方，也正是木兰杀敌报国的地方。这句是对上句“几度思归还把酒”的回答，是说木兰并没有因为不能归家就借酒浇愁，而是把酒祭洒到拂云堆来凭吊明妃王昭君，表明了木兰的心志，也要像王昭君那样舍弃小家为国家，这句将木兰爱国之情推到高潮和极致，深切热情地表达了杜牧对木兰的无限讴歌和赞美之情。

杜牧的这首作品充盈着对木兰热烈的赞美，然而在这敬仰的背后，读者也要分析到杜牧在和木兰对比，这种对比不仅表现在性别上自己更有理由为国家建立功业，更表现在木兰的意气风发最终功成名就和作者自己壮志难酬的苦闷，因而这首作品更深层蕴含着作者的失落和自伤。

九日齐山登高[①]

江涵秋影雁初飞，与客携壶上翠微[②]。
尘世难逢开口笑[③]，菊花须插满头归[④]。
但将酩酊酬佳节[⑤]，不用登临恨落晖。
古往今来只如此，牛山何必独沾衣[⑥]。

>注释

①九日：九月九日重阳节。齐山：今安徽省池州市贵池区东南。

②翠微：指齐山上的翠微亭，杜牧于唐武宗会昌四年（844）九月赴任池州刺史，取李白《赠秋浦柳少府》诗中的“开帘当翠微”句意，在齐山之巅建“翠微亭”，以表追思李白之意。

③“尘世”句：《庄子》：“人上寿百岁，中寿八十，下寿六十，除病瘐死丧忧患，其中开口而笑者，一月之中，不过四五日而已矣。”此言人生欢笑既难得，则更应善自宽慰，多方开解，切不可对一些烦恼事过于挂怀。

④“菊花”句：菊花，此暗用典故。《艺文类聚》卷四引《续晋阳秋》：“陶潜尝九月九日无酒，宅边菊丛中摘菊盈把，坐其侧，久望，见白衣至，乃王弘送酒也。即便就酌，醉而后归。”

⑤酩酊：大醉。

⑥牛山：在今山东临淄。《晏子春秋》有记载："（齐）景公游于牛山，北临其国城而流涕曰：'若何滂滂去此而死乎？'艾孔、梁丘据皆从而泣。"

赏析

登高望远，可以怀乡，亦可以抒发高远的志向，杜牧的境遇让他在这个秋天、在本该亲人团聚的佳节，却充满了客居他乡登高望远的孤单、思念，以及怀才不遇、有志难伸的抑郁和块垒，丰富的情感在诗中得到了令人感动的表达。

"江涵秋影雁初飞，与客携壶上翠微。"一开始描绘了满目秋景，游兴勃勃。诗人登山游目览观所见。"涵"字极有气势，点出长江的浩荡无际。从山上俯视数里外的长江，只见蓝天、碧云、青山、绿洲似乎都沉浸在江中，融成一幅和谐明媚的图画。一字鸿雁南去，动静相衬，充满生气。"客"此指诗人好友张祜。当时他特来池州访晤杜牧，并有《和杜牧之齐山登高》诗记这次重阳登临宴饮之乐。中间两联夹叙夹议，抒写诗人登临饮酒时的复杂心情。从首联看，此游已可算得良辰、美景、赏心、乐事兼具，贤主、嘉宾欢聚一堂。

"尘世难逢开口笑，菊花须插满头归。"第三句"尘世难逢开口笑"，"开口笑"见庄子说："人上寿百岁，中寿八十，下寿六十，除病瘐死丧忧患，其中开口而笑者，一月之中，不过四五日而已矣。"语虽达观而意含抑

但将酩酊酬佳节

>题解

这首诗是唐武宗会昌五年（845）杜牧任池州刺史时的作品。夏历九月九日重阳节，古人有在这天登高饮菊花酒的习俗。齐山，在池州贵池县东南，山脚下有清溪，清溪由此北流数里入长江，是江南名胜之地。

郁。“难逢”反衬出往日不常见，人事匆匆。接下一句“菊花须插满头归”，兴致勃勃的游行竟掩盖不住内心的郁闷，诗人以旷达的言辞、近于失态的举动来掩饰心中的失落。

再接下来两句“但将酩酊酬佳节，不用登临恨落晖”是慰客自慰，感情的转折由隐而显。诗人对好友说，趁这个人世难逢的好日子举杯痛饮吧！只管饮得酩酊大醉，不用在登临时因夕阳西下而生人生迟暮的感伤。一个是远州刺史，一个是失意处士，二人怀才不遇，同病相怜。身处逆境，他们只好故作旷达。

“古往今来只如此，牛山何必独沾衣。”春秋时，齐景公游于牛山，北望国都临淄流泪说：“若何滂滂去此而死乎？”诗人由眼前所登池州的齐山，联想到齐景公的牛山坠泪，认为像“登临恨落晖”所感受到的那种人生无常，是古往今来尽皆如此的。既然并非今世才有此恨，又何必像齐景公那样独自伤感流泪呢？诗人的旷达，在语言情调上表现为爽利豪宕；诗人的抑郁，表现为“尘世难逢开口笑”“不用登临恨落晖”“牛山何必独沾衣”的凄恻低回，愁情拂去又来，愈排遣愈无能为力。这两方面的结合，使诗显得爽快健拔而又含思凄恻。

登九峰楼寄张祜①

百感衷来不自由②，角声孤起夕阳楼。
碧山终日思无尽，芳草何年恨即休③。
睫在眼前长不见，道非身外更何求④？
谁人得似张公子⑤，千首诗轻万户侯。

> 注释

①九峰楼：一作九华楼。清《一统志》云：“池州九华楼有二：一在贵池县九华门上，唐建；一在青阳县东南二里。”张祜，字承吉，清河（今属河北）人，初寓姑苏，后至长安，为元稹排挤，遂至淮南，爱丹阳曲阿地，隐居以终。卒于大中年间（849 年以后）。据《云溪友议》载：白居易在唐穆宗长庆年间（821—824）为杭州刺史时，张祜和徐凝同应贡举而未能分出谁当首荐。白居易遂出试题《长剑倚天外赋》《余霞散成绮诗》，命二人决赛。结果列徐第一，张第二。张以为耻，遂“行歌而返”。唐武宗会昌五年（845）秋，张祜来池州看望任池州刺史的杜牧，二人诗酒相会，意气相投。杜牧也听说过当年白居

易重徐轻张之事，颇为张抱不平。此次别后，杜作此诗寄赠张祜。

②“百感”句：江淹《别赋》：“百感凄恻。”《宋书·乐志》：“忧从中来。”《隋书·房陵王勇传》：“一事以上，不得自由。”前两句是因果倒装句，意谓黄昏时听到号角声从城楼上凄厉地响起，引起人百感交集。《东岩草堂评订唐诗鼓吹》曰：“入手劈将有感于中不自由作起，真有一段登高望远、触景兴怀、情不自已之况。”

③三、四句言面对昔日同游的碧山芳草，心中有说不尽的离思别恨。屈原《九章·思美人》：“吾谁与玩此芳草。”

④五句以“目不见睫”比喻白居易不识人才，六句称颂张祜诗艺高妙，有道在身，无须他求。这是为朋友抱不平，也是安慰。

⑤得似：能像，能比得上。

赏析

《登九峰楼寄张祜》是杜牧十分著名的一首诗。这首诗纯乎写情，旁及景物，也无非为了映托感情。因而借景抒情、寄情于景的手法在这首诗中运用得十分明显。

第一句用逆挽之笔，倾泻了满腔感喟。众多的感慨一起涌上心头，已经难于控制了。“角声”句势遒而意奇，为勾起偌多感叹的诱因。这一联以先果后因的倒装句式，造成突兀、警耸的艺术效果。“孤起”二字，警醒峻拔，高出时流甚远。一样的斜阳画角，用它一点染，气格便觉异样，似有一种旷漠、凄咽的情绪汩汩从行间流出。角声本无所谓孤独，是岑寂的心境给它抹上了这种感情色彩。独凭栏杆，自然要联想到昔日同游的欢乐，相形之下，更显得独游的凄黯了。

而三、四句则承上而来，抒发别情。对面的青山——前番是把臂同游的处所；夹道的芳草——伴随着友人远去天涯。翠峰依旧，徒添知己之思；芳草连天，益增离别之恨。离思是无形的，把它寄寓在路远山长的景物中，便显得丰满、具体，情深意长了。“芳草”又

> 题解

唐穆宗长庆年间（821—824），白居易为杭州刺史，张祜请他贡举自己去长安应进士试。白居易出题面试，把张祜置于徐凝之下，使颇有盛名的张祜大为难堪。杜牧事后得知，也很愤慨。唐武宗会昌五年（845）秋天，张祜从丹阳寓地来到池州看望出任池州刺史的杜牧。两人遍游境内名胜，以文会友，交谊甚洽。此诗即作于此次别后。诗人把自己对白居易的不满与对张祜的同情、慰勉和敬重，非常巧妙而有力地表现了出来。

是贤者的象征。诗人正是利用这种具有多层意蕴的词语暗示读者，引发出丰富的联想来，思致活泼，婉转关情。

五、六两句思笔俱换，由抽象的心中的怀想，转为安慰对方。目不见睫，喻人之无识，这是对白居易的微词。“道非身外”，称颂张祜诗艺之高，有道在身，又何必向别处追求呢？这是故作理趣语，来慰藉自伤沦落的诗友。自此，诗的境界为之一换，格调也迥然不同，可见作者笔姿的灵活多变。

七、八句则就将此发挥得淋漓尽致了。“谁人得似”即无人可比之意，推崇之高，无以复加。末句“千首诗轻万户侯”补足“谁人得似”句意，大开大合，结构严谨。在杜牧看来，张祜把诗看得比高官厚禄更重，有谁及得上他的清高豁达呢？

这首诗结响遒劲，由后向前，层层揭起，恰似倒卷帘栊，一种如虹意气照彻全篇，化尽涕洟，并成酣畅。这种旋折回荡的艺术腕力，是很惊人的。

一首诗里表现出这么复杂的感情，有纷杂的怅触，绵渺的情思，气类的感愤，理趣的阐发和名士所特具的洒脱与豪纵。风骨铮铮，穷极变化。喜怒言笑，都是杜牧的自家面目。杜牧的俊迈、拗峭，深于感慨的诗风，于此也可略窥究竟了。

江南春绝句

千里莺啼绿映红，水村山郭酒旗风[①]。
南朝四百八十寺[②]，多少楼台烟雨中[③]。

> 注释

①山郭：靠山的城墙。酒旗：酒帘，高悬在酒店外的标志。

②南朝：东晋后在建康（今南京）建都的宋、齐、梁、陈四朝合称南朝。四百八十寺：南朝皇帝和大官僚好佛，在京城（今南京市）大建佛寺。据《南史·郭祖深传》说："都下佛寺五百余所。"这里说四百八十寺，是大概数字。

③楼台：指寺庙。烟雨：细雨蒙蒙，如烟如雾。

>题解

这是一首描写江南风光的七言绝句，千百年来素负盛誉，既写出了江南春景的丰富多彩，也写出了它的广阔、深邃和迷离，它不是以一个具体的地方为对象，而是着眼于整个江南特有的景色，表现了诗人对江南景物的赞美与神往，同时讽刺了统治阶级的所作所为。

赏析

这首诗四句均为景语，一句一景，各具特色。这里有声音，有色彩，有空间上的拓展，有时间上的追溯。

“千里莺啼绿映红，水村山郭酒旗风。”这两句写的是晴景。诗人从大处着眼，就像迅速移动的电影镜头，掠过南国大地：辽阔的千里江南，黄莺在欢乐地歌唱，丛丛绿树映着簇簇红花；傍水的村庄、依山的城郭、迎风招展的酒旗，一一在望。“千里”说明是写整个江南，但整体又是通过“莺啼、花草、酒旗”这一个个具体的意象表现出来的。诗的开头如果没有“千里”二字，这两句就要减色了。但是，明代杨慎在《升庵诗话》中说：“千里莺啼，谁人听得？千里绿映红，谁人见得？若作十里，则莺啼绿红之景，村郭、楼台、僧寺、酒旗，皆在其中矣。”对于这种意见，何文焕在《历代诗话考索》中曾驳斥道：“即作十里，亦未必尽听得着，看得见。题云《江南春》，江南方广千里，千里之中，莺啼而绿映焉，水村山郭无处无酒旗，四百八十寺楼台多在烟雨中也。此诗之意既广，不得专指一处，故总而命曰《江南春》……”何文焕的说法是对的，这是出于文学艺术典型概括的需要。诗人运用了典型化的手法，把握住了江南景物的特征。江南特点是山重水复，柳暗花明，色调错综，层次丰富而有立体感。诗人在缩千里于尺幅的同时，着重表现了江南春天

多少楼台烟雨中

掩映相衬、丰富多彩的美丽景色。前两句，有红绿色彩的映衬，有山水的映衬，村庄和城郭的映衬，有动静的映衬，有声色的映衬。这两句的情感是扬，表达了诗人对江南春景欣赏、赞美的喜悦之情。

“南朝四百八十寺，多少楼台烟雨中。”这两句写的是雨景。从前两句看，莺鸟啼鸣，红绿相映，酒旗招展，应该是晴天的景象，但这两句明明写到烟雨，这是因为千里范围内，各处阴晴不同，也是完全可以理解的。“南朝四百八十寺，多少楼台烟雨中。”这里有过渡到江南风光的重要组成部分——寺庙，金碧辉煌、屋宇重重的佛寺，本来就给人一种深邃的感觉，现在诗人又特意让它出没掩映于迷蒙的烟雨之中，这就更增加了一种朦胧迷离的色彩。这样的画面和色调，与“千里莺啼绿映红，水村山郭酒旗风”的明朗绚丽相映，就使得这幅“江南春”的图画变得更加丰富多彩。诗人在这里不说“江南四百八十寺”，而说“南朝四百八十寺”，显然别有意蕴。审美之中不乏讽刺，诗的内涵也更丰富了。“南朝”二字更给这幅画面增添悠远的历史色彩。南朝统治者信佛，劳民伤财，修建了大量寺庙，《南史·郭祖深传》说：“时帝大弘释典，将以易俗，故祖深尤言其事，条以为：都下佛寺五百余所，穷极宏丽，僧尼十余万，资产丰沃，所在郡县，不可胜言。”据此，杜牧说“四百八十寺”显然说少了。如今“南朝四百八十寺”都已成为历史的遗物，成为江南美妙风景的组成部分了。诗人先强调建筑宏丽的佛寺非只一处，然后再接以“多少楼台烟雨中”这样的唱叹，就特别引人遐想。南朝的帝王都好佛，为此大兴寺院，弄得农田税增，百姓不堪重负。虽然大批寺院耸峙，蔚为壮观，也不失为江南一景，但每一座寺院要耗费农民多少血汗，诗人显然对包括唐朝统治者在内的王侯将相不顾人民疾苦、劳民伤财之举持反对态度，忧国忧民之心溢于言表，表达的情感由扬转为抑。

除官归京睦州雨霁

秋半吴天霁①，清凝万里光。
水声侵笑语，岚翠扑衣裳。
远树疑罗帐，孤云认粉囊。
溪山侵两越，时节到重阳。
顾我能甘贱②，无由得自强。
误曾公触尾，不敢夜循墙。
岂意笼飞鸟，还为锦帐郎。
网今开傅燮③，书旧识黄香④。
姹女真虚语，饥儿欲一行。
浅深须揭厉，休更学张纲。

>注释

①霁：雨过天晴。
②甘贱：安于贫贱。
③傅燮：（？—187或188）字南容，东汉北地郡灵州（今宁夏吴忠市境内）人。傅干之父，傅玄祖父。本字幼起，慕南容三复白珪，乃改字南容。身长八尺，有威容。少师事太尉刘宽。再举孝廉。闻所举郡将丧，乃弃官行服。后为护军司马，与左中郎将皇甫嵩俱讨贼张角。187（袁宏《后汉纪》为188）年在讨伐王国的战斗中战死。
④黄香：（18—106），字文强（一作文疆），是我国东汉时期的一位文化名人，江夏人。历史上记载他年方九岁，知事亲之理，每当夏日炎热之时，则扇父母帷帐，令枕清凉，蚊蚋远避，以待亲之安

寝；至于冬日严寒，则以身暖其亲之衾，以待亲之暖卧，于是名播京师，号曰“天下无双，江夏黄香”。是“二十四孝”中“黄香温席”故事的主角，后官至魏郡太守。

赏析

第一联“秋半吴天霁，清凝万里光”从视觉角度描写了秋天雨过天晴后，万里无云秋高气爽的景象，渲染高兴的气氛，奠定了作品的抒情基调。

第二联“水声侵笑语，岚翠扑衣裳”将镜头从第一联的远景拉到眼前的“水声”和“岚翠”。这联从听觉和视觉角度写了水声和笑声交杂在一起，岚翠扑到衣裳上来，写出诗人高兴的心情。“扑”字运用拟人的手法，形象生动地写出了岚翠的姿态。

第三联“远树疑罗帐，孤云认粉囊”又将第二联的近景镜头拉到远景的“远树”和“孤云”。诗人将“远树”疑作是“罗帐”，将“孤云”疑作是“粉囊”，这是何等奇异之想象，“罗帐”“粉囊”俱为闺阁用物，与自然景象无关，可诗人却以丰富的想象力将他们联系到了一起。

第四联“溪山侵两越，时节到重阳”继续写远方的景物，“侵”字运用拟人的修辞方法，形象生动地写出了“溪山”夹在“两越”之中。“时节到重阳”点明了时间，重阳节高兴的节日气氛烘托作者此时高兴的心情，重阳节又称老人节，作者在这里还感叹自己已经老了。

>题解

唐武宗会昌六年（846），杜牧迁睦州刺史。他每一次迁官，离家乡长安越来越远，让杜牧思乡情切。唐宣宗大中二年（848），吏部尚书高元裕写来一封书信慰问，令杜牧非常感激。但是高元裕不久出任山南东道节度使，没有来得及援引杜牧。同年八月，杜牧终于接到新的任命，被升为司勋员外郎、史馆修撰。此次归京杜牧是怀着重新燃起的政治抱负而来的，心情是愉快的，途中作出此诗。

第五联“顾我能甘贱，无由得自强”写诗人回顾过去的安于贫贱，没有来由地感到自强，勉励自己要专心从政，实现自己的抱负。

第六联“误曾公触尾，不敢夜循墙”写诗人曾经受到过打击，不敢再犯同样的错误，这说明诗人胆小怕事，怕又被贬官。

第七联“岂意笼飞鸟，还为锦帐郎”不要像“笼中鸟”那样被束缚，应该做“锦帐郎”实现自己的政治理想，赚大钱。

第八联“网今开傅燮，书旧识黄香”诗人运用傅燮和黄香这两个典故表达自己会在政治上取得丰功伟绩的决心，同时诗人也在卖弄自己的学问，表现出自己读书读得多，知道的典故多。

最后两联“姹女真虚语，饥儿欲一行。浅深须揭厉，休更学张纲”。诗人告诫自己凡事揣度深浅，不能再学张纲，这样才能得到高官，实现自己的政治抱负。张纲为人正直，廉洁清明，多次向皇帝进谏，指控奸臣，诗人说不想学张纲，怕进谏的话又会被贬官，怕好不容易混来的官职又丢掉，充分表现了诗人胆小怕事的本质，呼应了作品的第六联“误曾公触尾，不敢夜循墙”。

金　陵

始发碧江口，旷然谐远心[①]。
风清舟在鉴[②]，日落水浮金。
瓜步逢潮信[③]，台城过雁音[④]。
故乡何处是？云外即乔林[⑤]。

>注释

①旷然：开阔，豁达。

②鉴：本义为镜子，此处为动词，照。

③瓜步：地名，在江苏六合东南，有南临大江的瓜步山，南北朝时屡为军事争夺要地。公元450年，北魏太武帝攻宋，率军至此，凿山为盘道，设毡殿，隔江威胁建康（今南京市）。步：今写作“埠”。潮信：即潮，因其来时有定时，故称。

④台城：古代守城拒敌的设备。雁音：犹音讯。宋林景熙《答柴主簿》诗之一：“铜槃消息无人问，寂寞西楼待雁音。”

⑤云外：高山之上，亦指世外，常用来比喻仙境。乔林：乔木林，亦指树木高大的丛林。

>题解

“金陵”是南京古时用的别称，六朝古都所在。从公元222年东吴在此建都起，先后有东晋、宋、齐、梁、陈在此建都。到赵宋时，这里依然是市廛栉比，灯火万家，呈现出一派繁荣气象。然而隋唐以来，由于政治中心的转移，无复六朝的金粉繁华。

这是一首写景抒怀、纪行咏物之作。作者能用质朴口语、简洁白描，传达出悠远不尽的诗情画意，情调豪放爽朗，风格清新俊逸，叙事、议论精彩感人。

赏析

开篇点明作者正在远离故乡的江上随舟远游，“旷然”二字奠定全诗感情基调，“远心”暗指作者内心的思想情感和高远志向，表面上寄情山水，实则借景抒情，忧国忧民。第二句景色描写起烘托、铺垫作用。“鉴”用比喻手法，将清澈见底的江水比喻成镜子；“水浮金”生动形象地写出了江水在黄昏太阳的映照下波光粼粼的美景，既侧面表现了作者在江上泛舟一整天，又描绘了两幅意境优美的“清风泛舟图”和“江上日落图”。杜牧的诗具有独特风格。晚唐诗歌的总的趋向是藻绘绮密，杜牧受时代风气影响，也有注重辞采的一面。这种重辞采的共同倾向和他个人“雄姿英发”的特色相结合，风华流美而又神韵疏朗，气势豪宕而又情致婉约，咏史绝句，则又叙议结合，警拔精悍，往往在人们意想不到的地方自出手眼，读来一新耳目。

颈联写台城，旧址在今南京市鸡鸣山南，本是三国时期吴国的后苑城，东晋成帝时改建。从东晋到南朝结束，这里一直是朝廷台省（中央政府）和皇宫所在地，既是政治中枢，又是帝王荒淫享乐的场所。中唐时期，昔日繁华的台城已是“万户千门成野草”；到了唐末，这里就更荒废不堪了。诗中写“瓜步逢潮信”，用细腻的笔触，传达出一种荒凉、萧瑟之感，与后半句“台城过雁音”相互映衬，以自然景象反映社会的变化，既写出各式各样丰富多彩的形象，又烘托了一种浪漫主义气氛，环境描写侧面表现了今日的金陵除去山川地势与六朝时依然相似，其余的一切都大不一样了。江山不改，世事多变，令人怅然，抒发了诗人对于繁华易逝的感慨。

颈联“雁”字引出下文。雁是南北迁徙的候鸟，因时节变换而远离故乡；再加上诗人看到沿岸风景萧瑟，心中孤独、凄凉，于是在尾联直抒胸臆，抒发自己对故乡的思念之情。但“云外即乔林”笔锋一转，用“云外”表现故乡的遥远和茫茫然不可及，写出了作者思乡却归家无望的痛苦和抑郁，呼应开头，使文章结构紧凑。

这首诗含蓄而准确地体现了杜牧诗歌那种把忧国忧民的壮怀伟抱与伤春伤别的绮思柔情交织在一起的豪放爽朗、清新俊逸的艺术特征。杜牧既善用比兴手法状物抒情，又善用白描手法直叙见闻；既长于舒徐婉转地描述历史故事，又长于敏捷真切地捕捉景物的动态变化、自己的瞬间感受；既注意叙议结合，又注意情景交融。杜牧诗歌的语言风格既绚丽多彩，又清新自然；既明丽爽俊，又含蓄委婉；既风流华美，又神韵疏朗。

将赴吴兴登乐游原一绝

清时有味是无能①，闲爱孤云静爱僧②。
欲把一麾江海去③，乐游原上望昭陵④。

>注释

①清：清平，太平。味：意味，旨趣。
②闲：空的，空虚的。
③麾（huī）：用以指挥军队的旗帜。
④昭陵：唐太宗的陵墓，在长安西边醴泉县的九嵕山。

>题解

这首诗是唐宣宗大中四年（850），杜牧就要离开京城长安到浙江湖州（即吴兴，今浙江湖州市）担任刺史时所作。诗人登上长安城南的乐游原，地势高敞，可以眺望，是当时的游览胜地。杜牧不但长于文学，而且具有政治、军事才能，渴望为国家做出贡献。当时他在京城里任吏部员外郎，投闲置散，无法施展其抱负，因此请求出守外郡。对于这种被迫无所作为的环境，他当然是很不满意的，在将要离开京城这个政治中心的时候，他的内心充满了不平和无奈。

赏析

首句“清时有味是无能”，“清时”表面是歌颂当今朝廷的政治清明，让天下安定太平；“无能”是作者的自嘲，在这样政治清平的时候自己离开长安被贬谪外地，是因为自己的才能疏浅。这句表面看到的是诗人对政局的讴歌与赞美，实则运用了反语修辞，充满了对晚唐统治者昏庸腐朽的痛恨和无奈，欲抑先扬，寓贬于褒，表意含蓄。

第二句“闲爱孤云静爱僧”，这句作者是说，闲适的时候喜欢仰望云朵，安静的时候喜欢那僧侣般的生活。这句中诗人的生活和情感仿佛是非常的悠闲和惬意，自由自在，然而这只是表面而已，联系到作者不得不离开京城的政治原因，就能够体会这其中的情感是故作洒脱，实则是抑郁和痛苦，是面对黑暗政治无可奈何的悲愤，这句也是典型的含蓄抒情，耐人寻味。此外首句中的“有味”即有味道的生活，因此第二句是对“有味”的具体描写和展现。

第三句“欲把一麾江海去”，人生

失意，壮志难伸，不如散发弄扁舟，泛舟于江湖间，如果这样理解本句，就会有极大的偏差。原因在于：首先，杜牧在沉浮的宦海生涯中无论多么艰难也没有弃官归去的情感和思想；其次，联系本诗的写作背景，此时作者要远赴浙江湖州的事实，可见“江海”就是湖州的借代。“麾”是古代官员出行时车上的饰物，因此，“欲把一麾江海去”表达了诗人在京城长安的抑郁苦闷、无所事事，从而急于离开的内心情感。

第四句“乐游原上望昭陵”，“昭陵”埋葬着伟大的圣主贤君——唐太宗李世民，在他的励精图治下，唐王朝逐渐成为强大富庶的伟大帝国。作者站在乐游原上看到了昭陵，只有痛苦和悲伤，因为像唐太宗李世民那样的明君和他统治下的强大唐朝，再也不会出现了，杜牧匡时济世的理想和抱负也就更难有实现的可能了，内心充满的只能是无望和悲苦。

这首作品情感含蓄，思想深邃，手法丰富，读来令人喟叹难平。

题 桐 叶

去年桐落故溪上，把叶因题归燕诗[①]。
江楼今日送归燕，正是去年题叶时。
叶落燕归真可惜，东流玄发且无期。
笑筵歌席反惆怅[②]，朗月清风见别离[③]。
庄叟彭殇同在梦[④]，陶潜身世两相遗。
一丸五色成虚语[⑤]，石烂松薪更莫疑[⑥]。
哆侈不劳文似锦[⑦]，进趋何必利如锥[⑧]。
钱神任尔知无敌[⑨]，酒圣于吾亦庶几[⑩]。
江畔秋光蟾阁镜[⑪]，槛前山翠茂陵眉。
樽香轻泛数枝菊，檐影斜侵半局棋。
休指宦游论巧拙，只将愚直祷神祇。
三吴烟水平生念，宁向闲人道所之[⑫]。

>注释

①归燕：张九龄的《归燕诗》以比兴手法表达本人的淡泊明志，无心争权夺利。
②笑筵歌席：歌舞欢笑的宴席。
③朗月清风：明朗的月色，清新的和风。
④庄叟彭殇：庄叟即庄周，彭殇即彭祖。
⑤一丸五色：指仙药。
⑥松薪：比喻事物历久必变。
⑦哆侈：口大张貌。
⑧进趋：指努力向上，立志有所作为。
⑨钱神：钱的神化，借代财富。
⑩酒圣：指杜康。

⑪蟾阁镜：镜名。相传为有祇国所献，藏于望蟾阁，故名。
⑫所之：所到的地方。

赏析

杜牧有政治理想，但由于秉性刚直，屡受排挤，一生仕途不得志，因而晚年纵情声色，过着放荡不羁的生活。本诗文笔清丽，洋溢着杜牧的耿直俊爽，而未有其后期诗词中的秾艳绮靡。

“叶落燕归真可惜，东流玄发且无期。”诗人感叹着张九龄，一代杰出丞相竟要以这样的结局结束自己的政治生涯，又感叹未来的不可预测，暗含淡淡哀而不伤的意味，怕是诗人想到那样一位良相，却依旧不能傲立朝堂，而对自己未来有了些微的无言。

“笑筵歌席反惆怅，朗月清风见别离。”宴席上大家欢饮畅述，而诗人却不由得感到了淡淡惆怅，是这清风，是这明月预示着将要来到的别离，带给作者孤单和将要来到的思念。“朗月清风”勾画了一个美丽的月夜，诗人静静站在月光中，身后是欢饮的众人，却无人理解诗人的惆怅，无疑为诗人的形象铺上了一层朦胧的美感。此处的借景抒情真实直观而带着清丽的美感给读者同样营造

> 题解

本诗是一首咏物诗。本诗约于诗人初入仕途，小遇挫折，被贬时所著。诗人借桐叶表达自己的政治志向，同时又表现了韶华易逝的淡淡哀愁，与作为宦游的忠心爱君。桐叶的历史由来已久，古之传者有言："成王以桐叶与小弱弟，戏曰：'以封汝。'周公入贺。王曰：'戏也。'周公曰：'天子不可戏。'遂封小弱弟于唐。"这桐叶就代表着古唐国，而正是因此被诗人作为了吟咏的对象。

了微微的怅惘。

"庄叟彭殇同在梦，陶潜身世两相遗。"这里的用典，诗人意在自比，庄子鄙弃荣华富贵、权势名利。唐文宗大和九年（835），杜牧虽然巧妙地告病，躲过了"甘露之变"，但因为他的性情耿直，先后执政的李德裕、牛僧孺都未将他划入"自己人"的范畴，杜牧无法左右逢源，只好学着"陶潜身世两相遗"以此自慰，可他终究学不来五柳先生的"一分清醒，二分决绝，三分悠闲"，只得在无奈与失望中终了此生，大概他死时想起这句诗也只得苦笑一声罢。

"一丸五色成虚语，石烂松薪更莫疑。哆侈不劳文似锦，进趋何必利如锥。钱神任尔知无敌，酒圣于吾亦庶几。"诗人这六句中充满了希望和对自己淡薄财富的"告白"。诗人此刻仿似化身成了现实主义的代表，肯定了仙药的虚无不可信，同时坚定时间会改变一切，他坚信自己的才华，他坚信日后不久自己会再度回到可以发挥自己才能的那个地方。诗人是清高的，是孤傲的，他看不上那些铜臭，他靠着志向而活，他不求高官，不求厚禄，只希望自己可以带给社会一份光明。此刻的诗人定然意气风发而坚定不移。钱啊，任你在多少人面前无往不利，可于我，不过是钱而已。而那诗人之友的酒，在杜牧眼中也是不过如此。

“江畔秋光蟾阁镜，槛前山翠茂陵眉。樽香轻泛数枝菊，檐影斜侵半局棋。”诗人忘却了一切的不快隔阂，心中充斥着闲适愉悦，看着泛香的菊、侵影的棋局，情景交融，诗人的内心必定也是轻松而快活的。

“休指宦游论巧拙，只将愚直祷神祇。三吴烟水平生念，宁向闲人道所之。”诗人眼中的官吏是无高低、无利益、一心为民、不论巧拙的，前两句也直白地表明了诗人一心忠君爱国、淡淡却铿锵的情操。末句中诗人赌咒发誓似的写道“三吴烟水平生念”，不是爱它到骨子里，相信是不大容易写得出来的。

题白蘋洲

山鸟飞红带①，亭薇拆紫花。
溪光初透彻②，秋色正清华。
静处知生乐，喧中见死夸。
无多珪组累③，终不负烟霞。

>注释

①红带：鸟名，练鹊的一种。
②溪光：指溪流的水色。透彻：显明通彻。
③珪（guī）：古玉器名。

> 题解

这是一首在白蘋洲生活的诗，借助白蘋洲的景象，以含蓄深沉而清新流畅的语言，传达对闲适生活的渴望。现实生活的抑郁和内心的不平让作者充满了痛苦，难能可贵的美景和陶醉于其中的快乐，哪怕是片刻的悠闲也让作者充满了激情的惬意，《题白蘋洲》所表达的这种情感让其流传至今仍不失为一首名诗。

赏析

诗中第一句“山鸟飞红带，亭薇拆紫花”写景，描写白蘋洲的景象，“飞”和“拆”更是展现了一种动态美，“红”和“紫”使画面富有色彩。这句诗展现了一幅群鸟成飞、满山遍紫的画面。第二句“溪光初透彻，秋色正清华”写秋水的通透清澈，秋色清静。表现作者内心的平静。同时用溪水的本体来借代作者自己内心通透的特点，表现自己寄情自然、不理世俗的情怀。“静处知生乐，喧中见死夸”这一句形成对比，以静和喧时的情形，形成对比，从而使作者找到了人生的快乐在于自己内心的平静。体现了作者超脱世俗的情怀，并且觉得在内心平静时会发现生活的乐趣，而喧闹的城市反而更加浮夸。表现了作者不受世俗的影响，可以控制自己的情绪，在平静的时候领悟人生的快乐。最后一句“无多珪组累，终不负烟霞”升华主题，表现作者超然的情怀，没有包袱，一身轻松。之前为了世俗很劳累，现在终于可以卸下包袱，去欣赏自然，追随自然。

整首诗篇幅短小，但主旨不浅，它表现了作者欣赏美景时的怡然自得，在超然、洒脱的情怀下，享受人生的乐趣。运用了寄情于景的手法，在景物描写中看到了他的情感，使该诗描写与抒情融为一体，能更好地表达作者内心的情感。整首诗情感完整，细致入微，他的情感中掺杂着矛盾压抑、微妙复杂、壮志难酬，并且表现得淋漓尽致，带有很强的个人色彩。他笔下的景物也是明媚与苍凉掺杂着，他总是会把自己的情感加到景物的身上。本诗就体现了杜牧情与景的结合，景物的特点就反映了他内心的情感。

寝　　夜

蛩唱如波烟[①]，更深似水寒。
露华惊弊褐[②]，灯影挂尘冠。
故国初离梦，前溪更下滩。
纷纷毫发事，多少宦游难[③]。

> 注释

①蛩（qióng）：指蟋蟀声，在中国文化里，蟋蟀能激起一种忧伤凄凉、孤独寂寞的感觉。如岳飞的《小重山》："昨夜寒蛩不住鸣，惊回千里梦，已三更。"诗人元好问在他的《诗论》中写到："切切秋虫万古情。"汉诗中的这些表达，证明了蟋蟀叫声所引发的忧伤的确是汉文化中世代流传下来的一致形象感。

②露华：清冷的月光。如南朝齐王俭《春夕》诗："露华方照岁，云彩复经春。"弊褐：破旧的衣服。《永济仓书事》中写道："直宿愁风雨，经年弊褐袍。"

③宦游：指士人外出求官或做官。宦：做官入仕。中央集权的封建国家形成，士为求官，外出游历大川名山，投拜经师硕儒，至京都求贵显者引荐，往往抛别

双亲妻子，多年不归，风尘困顿。唐代，文人在登进士之前，往往有入节度军幕以为书记者，著名诗人高适、李商隐皆有此经历。已入仕者，宦途浮沉，或远涉山川，任职边郡穷邑，或遭贬谪，因而，古代有大量文学作品，如王粲《登楼赋》、陈子昂《登幽州台歌》、李白《上韩荆州书》、范仲淹《岳阳楼记》、袁可立《观海市诗》等，皆与文人“宦游”的经历有关。这是中国古代社会特有的一种现象。唐王勃《送杜少府之任蜀州》诗：“与君离别意，同是宦游人。”

赏析

一只小小的蟋蟀在漫长又漆黑的夜晚本不引人注意，但对于诗人却另有一番触动……夜深了，如水一样冰凉寒冷，而诗人内心深处又会是怎样的波动呢？“故国”“前溪”往事纷纷无不牵连着诗人的思绪……该诗由物感怀，通过描写蟋蟀声、月光及灯影下的景物，以委婉含蓄而清新自然的语言，表达诗人内心的压抑，感叹仕途的坎坷与艰难。

首联写到夜晚的蟋蟀声此起彼伏，如那波涛之声，又如一个人在哽咽之声。运用比喻修辞，明写蟋蟀声咽，实写作者内心在哽咽。在中国文化里，蟋蟀能激起一种忧伤凄凉、孤独寂寞的感觉。诗人元好问曾说“切切秋虫万古情”，更证明了蟋蟀叫声所引发的忧伤的确是汉文化中世代流传下来的一致形象感。这里诗人借写蟋蟀之声来表达内心的波澜起伏。触景生情，作者的思绪也伴随着蟋蟀的声音回忆起曾经的如梦一般的经历。同时运用以动衬静的手法突出夜的宁静。“更深”二字点题，“似水”容易让人联想到韶华易逝、时光飞逝之感，“寒”字一语双关，指作者感到仕途之路的曲折艰难，担忧隐隐而生。

作者在忙碌了一天之后，终于获得一份

>题解

杜牧为了江山社稷和生计，常年颠沛流离、漂泊他乡，其间的艰难辛酸不言而喻，这首抒情诗就是这些丰富情感的集中体现。

属于自己的空闲时间，睡不着觉，看到清冷的月光照到自己的粗布衣服上，昏黄的灯影下白天所戴的尘冠依稀可见。“尘”与尾联的“宦游”呼应。“惊”字意味深长，给读者留下不尽的想象空间。情与景的完美交融渲染了一份宁静的气氛。

颔联由实转虚，作者的思绪回到昔日，“故国”指作者的家乡，如梦一般，似乎昨天刚刚离开它一样，而这仅仅是一个梦，“初离”更反衬离别之日之长，那“前溪”“下滩”还是否别来无恙？一下子拓宽了诗境。用这种方式透露情怀，婉曲动人，语意高妙。读者可以从话中体味到更多的东西，这是诗人真正不能忘怀的，不言自明。

尾联“纷纷”表现事情的琐碎、烦心，“毫发”带点夸张之意。“多少宦游难”全在一“难”字，直抒胸臆。在这平静的夜晚，作者的内心却一点儿也不平静，想想古人的《上韩荆州书》，杜审言《和晋陵陆丞早春游望》诗：“独有宦游人，偏惊物候新。”抑或是“与君离别意，同是宦游人”的同感吧。“宦游”，作者不知走过了多少山山水水，跨越多少艰难险阻，“难”啊，作者只能发出一声这无奈的慨叹，点出作品的主旨。

全诗充满着压抑、沉重，作者满腹愁闷抑郁却无处倾诉，交织在心中。虽然没有一个“夜”字，但无不在写夜，写孤独的诗人夜晚内心的感受，留下的想象空间足以让读者产生共鸣。

遣　怀

落魄江湖载酒行[1]，楚腰纤细掌中轻[2]。
十年一觉扬州梦，赢得青楼薄幸名[3]。

> 注释

①落魄：漂泊。
②楚腰：楚灵王好细腰的典故。这里指扬州妓女。
③青楼：指妓女居处。

>题解

这是一首颇能反映杜牧思想个性、日常生活行为的诗。表面上是抒写自己对往昔扬州幕僚生活的追忆与感慨，实际上是发泄自己对现实的满腹牢骚，对自己处境的不满、抑郁以及无可奈何的怅惘和怨愤。

赏析

漂泊江湖、生活潦倒，常常载酒而行；放浪形骸、沉溺美色，欣赏细腰轻盈。十年扬州不堪回首，竟是一场春梦；流连青楼，只落得个薄情郎的声名。

前两句“落魄江湖载酒行，楚腰纤细掌中轻”追述自己在扬州时放浪形骸的生活。“落魄”，指潦倒失意、困顿不遇；“楚腰纤细”，用楚灵王好细腰美女的典故；“掌中轻”，用汉成帝皇后赵飞燕体轻能为掌上舞的典故。两句是说，自己潦倒失意，放浪于江湖之间，只得日日载酒相随，楚地的美女体态轻盈，能歌善舞，整天与她们相伴在一起。表面上看，这里说到的似乎只是以酒色自娱，但由于一开头大书“落魄江湖”，这“载酒”与沉溺声伎的行动便具有一种无可奈何、聊以自遣乃至玩世不恭的意味。失意文人放荡不拘的生活染上一层浪漫、轻快的色彩，以此自慰自嘲，

落魄江湖载酒行

却又隐隐透露出无可奈何的心态，这两方面矛盾而奇特地统一在一起。“十年一觉扬州梦”，第三句大笔掠转，说过了十来年之后再回过头去看在扬州的那段生活，感觉就像做了一场梦。杜牧在扬州做幕僚的时间不足两年（唐文宗大和七至九年，即公元 833 至 835 年），这里说“十年一觉”，指的是十年后的现在回顾过去，恍如大梦初醒，“扬州梦”，一方面是指往日所过的繁华热闹、酒色声伎，尽皆消逝不存，如同梦幻一般，另一面也兼有对那段失意、无聊生活的反省惊悟。第四句“赢得青楼薄幸名”，诗人自问扬州一梦，究竟留下了什么呢？什么也没有，梦醒追思，不过一片空虚，唯一“赢得”的不过“青楼薄幸名”而已。“薄幸”不必拘泥表面的词义，“青楼薄幸名”，是说他自己只不过在娼楼妓馆中留下了众人皆传的名声。“赢得”二字表面上是自慰自嘲，实质上满腹牢骚，是英雄无用武之地的伤叹，这里借对扬州旧梦的反省，抒发对使他落拓不遇的政治现实的不满。

叹　花

自是寻春去校迟[①]，不须惆怅怨芳时[②]。
狂风落尽深红色，绿叶成阴子满枝。

>注释

①自是：原来是或只是。
②芳：花。

> 题解

关于此诗，有一个传说故事：杜牧游湖州，与一民间女子相识相知，怎奈那女子年仅十余岁。于是杜牧便与其母相约过十年来娶。过了十四年，杜牧始出为湖州刺史，可那女子却已嫁人三年，且生育二子。杜牧感叹其事，故作此诗。这个传说不一定可靠，但此诗以叹花来寄托男女之情，是大致可以肯定的。它表现的是诗人在浪漫生活不如意时的一种惆怅、懊丧之情，但同时也散发着诗人对世事无常的感叹。

赏析

这首诗的文字一作："自恨寻芳到已迟，往年曾见未开时。如今风摆花狼藉，绿叶成阴子满枝。"体现了诗人懊悔、惆怅、悲伤的情感。通篇叙事赋物，即以比情抒怀，用自然界的花开花谢，绿树成荫子满枝，暗喻少女的妙龄已过，结婚生子。但这种比喻不是直露、生硬的，而是若即若离、婉曲含蓄的，即使不知道与此诗有关的故事，只把它当作别无寄托的咏物诗，也是出色的。隐喻手法的成功运用，又使本诗显得构思新颖巧妙，语意深曲蕴藉。

"自是寻春去校迟"，本是为了探寻春的气息而出游寻春赏花，却不料已是春暮，繁花早已落尽，是自己来迟了。此句既可以理解为诗人因错失良缘而懊悔，又可以解释为诗人对美好事物稍纵即逝的惋惜。

"不须惆怅怨芳时"，春暮花谢是自然规律，又何须因此而幽怨惆怅呢。此句是写自解，表示面对春暮花谢不用惆怅，也不必怨嗟。可诗人明明在惆怅、怨嗟，却偏说"不须惆怅"，明明是痛惜懊丧已极，却偏要自宽自慰，这在写法上是腾挪跌宕，在语意上是翻进一层，越发显出诗人惆怅、失意之深，同时也流露出一种无可奈何、懊恼至极的情绪。

“狂风落尽深红色”，一场狂风暴雨把仅存的一点红芳也全部吹落。即使诗人有意挽留，却也无可奈何。猛烈的风与娇柔的花形成鲜明的对比，一幅狂风摧芳图跃然纸上。正所谓天意弄人，世事的无常就像那狂风一样，无时无刻不在捉弄着诗人。

“绿叶成阴子满枝”，此处的绿叶成荫、结子满枝，显然是指诗人心仪的女子已经结婚生子。面对此情此景，诗人虽不似李清照“物是人非事事休，欲语泪先流”那般哀怨惆怅、痛苦万分，心中却也充满了万般无奈、惋惜、懊悔。此句运用乐景衬哀情，进一步加深了诗人的惆怅之情。

全诗围绕“叹”字着笔。前两句自叹自解，抒写自己寻春赏花去迟了，以至于春尽花谢，错失了美好的时机，不禁惋惜、懊恼。首句的“春”及下句的“芳”，指花。而开头一个“自”字富有感情色彩，把诗人那种自怨自艾、懊悔莫及的心情表达得淋漓尽致。

前两句看似诗人只是在感叹花的凋零，实则写时光飞逝、人生世事无常，自己却无力改变的无奈。

后两句写自然界的风风雨雨使鲜花凋零、红芳褪尽、绿叶成荫、结子满枝、果实累累，春天已经过去了。在狂风之中，娇弱的鲜花显得那么不堪一击，只得任凭风雨发落。

人又何尝不是如此呢？在偌大的历史长河中，人只不过是匆匆的过客罢了，那么的卑微、渺小。人生十有八九不如意，面对时光流转、物是人非，诗人想要去改变，却只能无奈接受。“狂风落尽深红色，绿叶成阴子满枝”似乎只是纯客观地写花树的自然变化，其实蕴含着诗人深深惋惜的感情。

整首诗浑然一体，情感抒发流畅自然、毫不做作，且运用多种手法，其中主要用“比”的手法，耐人寻味，堪称咏物抒怀之佳作。

经阖闾城[①]

遗踪委衰草[②]，行客思悠悠[③]。
昔日人何处[④]？终年水自流。
孤烟村戍远，乱雨海门秋。
吟罢独归去，烟云尽惨愁。

>注释

①阖闾城：为春秋中期城池遗址，城址呈长方形，周敬王六年（公元前 514），吴国大夫伍员伐楚还师后，奉吴王阖闾命筑此城，因以阖闾名命之，是以控制楚、越两国之入侵，以保吴都阖闾大城（今江苏苏州）安全。

②遗踪：旧址，陈迹。衰草：枯草。

③行客：过客，旅客。即指作者自己。

④人：指伍子胥。伍子胥，楚国人，因受谗害，逃至吴国，成为吴王阖闾的重臣，后因夫差听信谗言赐死于他，他的尸体被投入河中。

> 题解

这是一首怀古诗，作者途经阖闾城的感受贯穿全诗，流露在字里行间。遗迹面前，作者感慨历史，意在讽喻现实，抒发了对国家以及自己前途的浓重的愁苦之情。

赏析

途经阖闾城，作者面对遗迹，心中不由地产生了许许多多的思考：当年驻守在此的伍子胥曾在哪里呢？永恒流淌的河水声中，再也听不到伍子胥辅佐吴王的谏言。远处一缕孤烟升起，村落离此处很远，纷乱的雨点打落在海门的秋天里。诗歌吟罢，作者独自归去，自然中的烟云也因作者的愁苦无不缭绕着愁思。

作者以一句“遗踪委衰草”起兴开篇，在这样历史遗迹前，枯萎的杂草，衰败的遗迹，使全诗的感情基调在此奠定，同时也借指唐王朝的衰落。作者寓情于景，浓浓的愁思，对国家前途的担忧在此铺垫，同时此处也交代了作者的观景视角，与后文沉思、发问、转眼看水、远眺孤村，构成了顺畅的行文次序，读来流畅，景物、思索转换自然。随后紧跟一句“行客思悠悠”，这一句定能使机敏的读者立刻展开想象，是什么使作者此刻“思悠悠”呢？而作者此刻又确切地在想些什么呢？

颔联通过发问含蓄地说出了心中发愁的事：作者所思即是曾在此护卫吴国的伍子胥，伍子胥的尸体曾被抛入这条终年流淌的河水中，河水自顾自地流淌着，不管人间变故。但作者却不得不为现实而苦恼，自己和国家的命运将如何？盛唐已逝，国家日趋衰微，自己也不得赏识重用，匡时济世和力挽狂澜的抱负难以实现。愁思像不绝的流水一般沉重而悠长，难以排遣。独自流淌的水就好像是作者自己，怀才不遇，二者都是孤独的。

颈联写景，在悠悠的愁思中，作者抬头远眺，远处村庄里飘起一缕孤烟，在此时作者的眼中，一切尽是孤独的，其实这都源于作者孤独的心。抱有挽救危亡、恢复唐王朝繁荣昌盛理想的作者，没有遇到自己的伯乐，孤独、寂寞自然是作者此时体会最深的感情。“乱雨海门秋”一句，更是将作者心中无形的心情形象地、真切地表现了出来，就像李煜的《相见欢》所言：“剪不断，理还乱，……别是一般滋味在心头。”作者的愁苦尽在海门秋天纷乱的雨点中得以反射。

全诗至尾联处，虽然作者孤独、愁苦的情感得以宣泄，但是作者仍旧没有得到他期望的赏识，愁苦仍旧如初，甚至达到了“惨”的境地。从作者“吟罢独归去”的这一举动中，看得出他对现实的不满和郁闷，全诗就在这样的“惨愁”氛围中结束，留给读者以绵延的悲伤，使读者感同身受，不由得赞叹作者精妙传神的抒情和巧妙的诗歌构思，同时也为作者的遭遇而心生同情。

沈　下　贤

斯人清唱何人和，草径苔芜不可寻。
一夕小敷山下梦①，水如环佩月如襟②。

>注释

①小敷山：又叫福山，在湖州乌程县西南二十里，是沈下贤旧居所在地。

②环佩：指古人所系的佩玉。《礼记 · 经解》："天子者，……行步则有环佩之声，升车则有鸾和之音，居处有礼，进退有度，百官得其宜，万事得其序。"

> 题解

沈下贤，中唐著名文人沈亚之，下贤是他的字。唐宣宗大中四年（850），杜牧担任湖州刺史时，创作了这首凭吊诗，抒发了敬仰之情。

沈亚之，字下贤，吴兴（即湖州）人，唐宪宗元和十年（815）登进士第，工诗能文，善作传奇小说。他的《湘中怨解》《异梦录》《秦梦记》等传奇，幽缈顽艳，富于神话色彩和诗的意境，在当时别具一格。李贺、杜牧、李商隐对他都很推重。李贺《送沈亚之歌》中写道："吴兴才人怨春风，桃花满陌千里红。"杜牧这首极富风调美的绝句，表达了他对亚之的仰慕。

赏析

首句"斯人清唱何人和"，是说沈下贤那清新的作品还有谁会唱和呢。这句的目的不单单是表达沈下贤不被人缅怀的寂寞，还有要突出沈下贤在唐代文学创作上的巨大影响力和重要贡献，意思是说他的"清唱"无人能及，不能模仿，表现了沈下贤创作的独特性，蕴含了作者对他的赞美和敬仰之情。

第二句"草径苔芜不可寻"，芳草萋萋，青苔杂乱，沈下贤的踪迹无法寻找到了。这句中的两个意象"草"和"苔"，表面让人感觉到的是生机勃勃的景色和幽静的环境，实则是暗含了来此地凭吊沈下贤的人很少，作者在此处徘徊又徘徊，和他人对沈下贤的冷漠形成了鲜明的对比，更能突出杜牧对沈下贤由衷的发自肺腑的仰慕之情。

第三句"一夕小敷山下梦"，从前两句的实写叙述转入虚写和想象。这句是说作者杜牧在某天晚上忽而梦到自己来到小敷山下，为什么会梦到这里呢？因为这里埋葬着沈下贤。根据历史的记载，沈下贤虽然有很高的文学造诣和成就，但是终生穷困潦倒，不能实现志向，在死后更是很快被世人遗忘。为什么作者杜牧对境遇如此潦倒的沈下贤会有如此的敬意呢？这里除了沈下贤确实有让杜牧满怀赞誉的才情之外，更应该有着和杜牧在世之时同样的有志难伸的遭遇，让杜牧更有同病相怜的哀伤之情。这句的虚写和想象，形成了和前两句手法的“突转”，构成了由实到虚的行文脉络。

第四句“水如环佩月如襟”，诗人杜牧在梦境中来到这里，仍然难觅敬仰的沈下贤，只看到流水和明月。“流水”和“明月”这两个意象不仅营造了静谧清凉的环境，更暗含着时光流逝和望月思念的情感。不见先人，只见水月，作者内心的失落更添愁绪。虽然末句的景色是美丽的，而作者的情感却是悲伤的，这种悲伤也将杜牧对沈下贤的仰慕之情推到了高潮。

这首七言绝句，情感饱满，景色动人，更有深刻的自怜之情，含蓄委婉，动人心弦。

遣　兴

镜弄白髭须[①]，如何作老夫。
浮生长匆匆，儿小且呜呜。
忍过事堪喜，泰来忧胜无[②]？
治平心径熟[③]，不遣有穷途。

>注释

①髭须：（zī xū）嘴周围的胡子。
②泰：好运气。
③治平：即治国平天下。《礼记 · 大学》：“身修而后家齐，家齐而后国治，国治而后天下平。”

>题解

遣兴，指抒发情怀，解闷散兴。题为遣兴，其中也可略见诗人落魄不得志的幽怨情怀，但由于杜牧性格比较开朗乐观，所以他的诗中虽有颓唐的成分，但却并不显得消沉，而是在忧郁中透出清俊爽的风调，《遣兴》正是诗人借以抒发情怀、感慨的作品。对着镜子拈弄白须，想不到自己已很苍老了。平生忧愁在怀，小儿又呜呜啼哭。不过想到很多事情忍过后，必忧去喜来；但否极泰来之时，还是不可无忧惧之心。治国平天下的道理，我已烂熟于心，然现实中还是不能排除遭遇穷途之时。

赏析

首句诗人面对镜子，发现自己已经是胡须斑白，步入人生的暮年，但想到人生的志向却还难以施展，不由得感慨时光易逝、岁月易老，不能实现自己理想的无奈，其中体现出诗人淡淡的无奈。

第二联写到感慨人生短暂，忧愁在怀，儿子尚幼，悲伤之意更进一层。“浮生”一词，表现诗人一生的平庸，表达人生的不得志。杜牧看到唐帝国的种种内忧外患，政治上想有一番作为，但却始终没有人赏识，终究无法对国事产生多大的影响，内心因此而愤懑、忧虑、憔悴。

第三联写过来人的感受，难耐之事临头，忍耐过去，事后反觉轻松，顺利之时，常有警惕，反比没有警惕要强。如果说，前两联是诗人处于一般人角度的执着感受。那么后两联，则是一个转折，一反前意，情感上不再忧愁伤感，而是变得振奋，对人生不如意之事也逐渐看开，是成熟的人生处世经验。

在转折之后，才是诗人真正想要表达出来的意思啊，就像我们说话：……，但是……。"但是"之后才是这句话重点所要表达的意思。"忍过事堪喜"，就是将前面的两联做了最好的总结和转化。

"忍过"和"泰来"相对，不是"忍耐过错"的意思，而是忍耐过后，因为"过"和"来"对，否极泰来，柳暗花明，充满了人生的智慧和圆融的豁达。可见诗人的情感并非陷入消极。

尾联中，写作者懂得治国平天下的道理，自己有才华不能施展，内心有抱负不能实现。虽然满腹经纶，但无发挥之处。是作者自己的身世感受，感慨系之。但诗人已将此看开，总说：在世上自己心态已经成熟，没有什么想不通、想不明白的事了。

关于作者：杜牧有相才，而无相器，又生不逢时在江河日下的晚唐，盛唐气息已一去不返，诸帝才庸，边事不断，宦官专权，党争延续，一系列的内忧外患如蚁穴溃堤，大唐之舟外渗内漏。杜牧死后不过数年，农民起义便如风起云涌，再过五十年，江山易帜。"请数系虏事，谁其为我听"，杜牧的才能，湮没于茫茫人海之中。

读史书，看透时局，杜牧无法力挽狂澜，只得无奈将一腔悲愤交于酒肆。

过华清宫[1]（其一）

长安回望绣成堆[2]，山顶千门次第开[3]。
一骑红尘妃子笑[4]，无人知是荔枝来。

>注释

①华清宫：故址在今陕西临潼骊山，是唐明皇与杨贵妃游乐之地。
②绣成堆：指花草树木和建筑物像一堆堆锦绣。
③次第：按顺序。
④一骑：指一人一马。妃子：指贵妃杨玉环。

>题解

此诗是杜牧经过骊山华清宫时有感而作。据说杨贵妃喜欢吃荔枝，唐玄宗命人用快马从四川、广州给她运来。此诗通过送荔枝这一典型事件，鞭挞了玄宗与杨贵妃骄奢淫逸的生活，有着以小见大的韵味。

赏析

首句“长安回望绣成堆”，诗人从“回望”的角度描写，使得视野开阔，描绘出了广阔幽美的骊山美景。树木茂盛，花草繁茂，楼阁耸立，景色全面而壮丽。“绣成堆”是指骊山两旁的东绣岭、西绣岭，反衬出骊山的秀美景色，令人流连忘返，为下文叙事做铺垫，语意双关。“长安回望”四字极为重要。长安是当时的京城，明皇应在京城日理万机，妃子自应留在京城，因而飞送荔枝者直奔长安，而皇帝、贵妃却在骊山行乐！暗自点明了写作主旨。

之后“山顶千门次第开”，作者走近华清宫，看着一道道宫门慢慢地被打开，更展现华清宫的雄伟壮观。承上而来，是回顾历史。骊山“山顶千门”洞开写出唐玄宗、杨贵妃当年生活的奢华，并给读者设下疑窦：“山顶千门”为何要“次第”大开？

然后作者具体描绘了一个场景：“一骑红尘妃子笑”，宫外，一名专使骑着驿马急速地飞奔而来，身后扬起了一团团红尘，宫内的妃子们也不由得笑了。这一整句都让作者充满了疑惑，专使骑着驿马飞奔所谓何事？宫内的妃子们为什么不由得笑了？使人深思。为点明主旨做铺垫。一方面，是卷起“红尘”的高速日夜奔驰送来荔枝的“一骑”，挥汗如雨，苦不堪言；另一方面，则是得到新鲜荔枝的贵妃，嫣然一笑，乐不可支。两相对照，蕴含着对骄奢淫逸生活的无言谴责。

最后“无人知是荔枝来”，说明了原委。而其他人却以为这是来传送紧急公文，谁想到马上所载的是来自涪州的鲜荔枝呢！诗的结句既是全诗的点睛之笔，揭示“安史之乱”的祸根，也使读者想起《新唐书·杨贵妃传》：“妃嗜荔枝，必欲生致之，乃置骑传送，走数千里，味未变已至京师。”使前面所谓的场面都贯穿了起来，自然而然地成为一个整体。

读完全诗，不由得让人想起春秋时周幽王为博妃子一笑，点燃烽火，导致国破身亡的故事。“无人知”三字也发人深思。其实“荔枝来”并非绝无人知，至少“妃子”知，“一骑”知，还有一个诗中没有点出的皇帝更是知道的。这样写，意在说明此事重大紧急，外人无由得知，这就不仅揭露了皇帝为讨宠妃欢心无所不为的荒唐，也与前面渲染的不寻常的气氛相呼应。全诗不用难字，不使典故，不事雕琢，朴素自然，寓意精深，含蓄有力。

过华清宫绝句（其二）

新丰绿树起黄埃①，数骑渔阳探使回②。
霓裳一曲千峰上③，舞破中原始下来。

注释

①新丰：汉高祖刘邦于公元前 202 年建立汉朝，定都长安后，其父刘太公虽享受荣华富贵，却因思念故里，时常闷闷不乐。为此，刘邦命令在国都长安附近的秦国故地骊邑（今西安市临潼区），仿照家乡沛郡丰邑（今江苏省徐州市丰县）的街巷布局，为太上皇刘太公重筑新城，并将故乡的乡亲故友迁居于此，太上皇这才高兴起来。传说新丰城建造得与刘邦家乡丰县一模一样，丰县百姓迁至新居，连鸡犬都能找到各自的门户，此所谓“鸡犬识新丰”。汉高帝十年（公元前 197），太公驾崩，刘邦正式下令，将骊邑改名为新丰。“新丰”的来源，流传千古，成就了中国历史上一段孝顺父母、顾念乡情的佳话。

②渔阳：唐时征戍之地。秦渔阳县在今北京密云西南，秦、汉、魏、晋，渔阳郡治此。隋末改无终县为渔阳，即今天津蓟县。隋玄州渔阳郡、唐蓟州渔阳郡均治此。唐以后渔阳为蓟州治所。明省入蓟州。现蓟县西北有一山，名曰渔山，县城在山南，故名渔阳。

③霓裳：《霓裳羽衣曲》的略称。唐白居易《琵琶行》："轻拢慢捻抹复挑，初为霓裳后六幺。"

赏析

杜牧经过长安郊外的骊山华清宫时，创作了三首怀古咏史之作，其中最为流传的是《过华清宫》"长安回望绣成堆，山顶千门次第开。一骑红尘妃子笑，无人知是荔枝来"。再现了唐玄宗让人骑快马从万里之外给杨贵妃劳民伤财送荔枝的历史故事，批判了唐玄宗和杨贵妃奢华荒淫误国的罪恶，含蓄委婉地表达了杜牧对晚唐统治者的愤慨。

这首《过华清宫绝句》仍然是杜牧此种情感的表现。

首句"新丰绿树起黄埃"，"新丰"在京城长安附近；"绿树"是绿意盎然的意思，景色优美，显示出勃勃的生机；"黄埃"体现了地域特点，长安位于黄土高原的南部边缘，还体现了尘土风扬的特点，这个意象也具有制造悬念，勾起读者思考的作用，为什么会尘土飞扬？有什么浩大的场面或者是很急迫的事情呢？

第二句"数骑渔阳探使回"，此句紧承首句，解释道，原来是刺探情报的使者回来了。"渔阳"是当时安禄山盘踞的地方。奸诈的安禄山讨好唐玄宗和杨贵妃，赢得皇帝的宠爱和信任，利用这种宠信，安禄山暗中准备叛乱，这样的阴险引起了朝廷某些大臣的

数骑渔阳探使回

> 题解
杜牧在明媚的春天经过华清宫，行走在京城的郊外，忧国忧民的情怀更加强烈。盛唐走向衰弱的历史转折点——安史之乱，皆因唐玄宗的荒淫享乐而起，这种历史悲剧不能不引起杜牧的批判和揭露。

怀疑和忧虑，于是说服唐玄宗派遣使臣前往安禄山的驻地了解情况，因此在这个历史背景下再分析首句的“黄埃”，就具有了暗示、象征，比喻即将爆发的叛乱阴霾。

第三句“霓裳一曲千峰上”，《霓裳羽衣曲》是唐玄宗特意创作给杨贵妃的舞曲，这正体现了唐玄宗和杨贵妃沉湎于享乐，最终导致了安史之乱的灾难，导致盛唐走向衰弱，“千峰上”是借代京城长安南郊的骊山，这里是华清池的所在，是唐玄宗、杨贵妃荒淫生活的安乐窝。这句和前两句国家所面临的深重危机形成了鲜明的对比，在这强烈的对比中，杜牧的愤怒与焦虑更加强烈，充满了对统治者耽于享乐、不思国事的批判。

第四句“舞破中原始下来”，这句是说《霓裳羽衣曲》的快乐旋律被打破了，这才从千峰上逃了下来。安史之乱最终爆发了，唐玄宗和杨贵妃无忧无虑的荒淫美梦终于被打破了，这正是唐玄宗为了私欲不理朝政的悲剧结局。在这句中，诗人对此遭遇充满了嘲弄与讽刺，同时出于忧国忧民的情怀，更有着对唐玄宗误国带给国家动荡和人民苦难的愤怒和猛烈的批判。

这首怀古咏史之作，表面上是对唐玄宗和杨贵妃的批判，实则也暗含着作者对晚唐统治者的揭露和对没落朝廷命运的深深忧虑，情感深沉，发人深思。

夜　雨

九月三十日，雨声如别秋。
无端满阶叶，共白几人头？
点滴侵寒梦，萧骚着淡愁①。
渔歌听不唱②，蓑湿棹回舟③。

> 注释

①萧骚：形容头发的稀疏短少，好像秋天的草木。
②渔歌：是民歌的一种，沿海地区以及湖泊港湾渔民所唱。
③蓑：用竹叶或草、棕编成的雨披。

>题解

"夜雨"在中国古典文学作品中总是和离愁、客思、寂寥、悲伤联系在一起，全诗描写在凄凉、寂寞的雨夜，形孤影单、卧听夜雨的情景，首先渲染了伤感的情绪，"秋""寒""愁"等字联系起来，融合成一幅朦胧、冷清的水色夜景。

赏析

首句点明了季节，当时的季节已是深秋。"雨声如别秋"，秋作为凄凉、悲伤的象征，先竭力渲染水边夜色的清淡素雅。这样写来，便觉得语近情遥给诗赋予了很深的悲情含义。此外在中国古典文学作品中雨、秋总是和离愁、客思、寂寥、悲伤联系在一起，起首句以雨破题，烘托出"梧桐一叶落，天下尽知秋"的萧瑟、落寞氛围。

"无端满阶叶，共白几人头"点明了诗人夜不能寐、愁肠百结的心情，三更即是午夜，午夜梦回，再难入眠。人总是在年华老去、潦倒他乡、沧桑落寞时，才会回首天涯。作者头发的稀疏短少，好像秋天的草木。白头表达了作者感叹时光飞逝、人生短暂，充分体现了作者对人生的思考和感悟。"无端满阶叶"一句承得自然，以"满阶叶"来寄托怀思的情绪，用这种方式透露情怀，委婉动人，语意高妙，口吻显得格外亲切，深刻地表达出作者内心的愁苦。

"点滴侵寒梦"一句情景交融，朦

胧的景色与诗人心中淡淡的哀愁非常和谐统一。诗人所见所闻所感，语言清新自然，构思精巧缜密。景、情、意熔于一炉，景为情设，情随景至。“萧骚着淡愁”一句点出痛苦根源，有感而发，语淡味浓。各种情景均古已有之，文人骚客早已描写尽致，读者也可以从中体会到更多东西。诗人真正不能忘怀的，不言自明，一个“愁”字意味极深长。

“渔歌听不唱，蓑湿棹回舟”将景色、现实巧妙地联为一体，伤时之痛，委婉深沉，更鲜明地表现出了诗人高洁广阔的性格气质，也使全诗在伤感的气势中结束，留下了充分的想象余地。这两句诗从字面上看似乎是写夜雨景色，而实际上是诗人有感于晚唐国事衰微、世风颓靡的现状。表现出诗人对国家命运的关切和忧虑。写诗人所见所闻所感，语言清新自然，借雨后的景色，含蓄地表达了诗人对历史的深刻思考，对现实的深切忧思。感情深沉，意蕴深邃，被誉为唐人绝句中的精品。内容深厚，感情深沉，意味无穷，引人深思。

山石榴

似火山榴映小山，繁中能薄艳中闲。
一朵佳人玉钗上，只疑烧却翠云鬟①。

> 注释

①鬟（huán）：古代妇女的环形发髻。

>题解

这首诗是杜牧在美丽的初夏，行走在景色优美的田间而看到的动人画面，充分体现了他悠闲、惬意的愉快心情，风格清新明快。

赏析

春末夏初，天气渐渐暖和起来，五六月份的时候，阳光明媚地洒下，微风轻吹，令人心旷神怡。在田间劳作，榴花似火，映着山冈的红艳，这美丽让人在繁忙中能博得几分清闲。这美丽的景象又令作者联想到如石榴花一般美丽动人的女子，一朵红透的石榴花插在发髻，与玉簪交相辉映，丝毫不逊色，就在此时的佳人美景，作者却又担心起那火红的石榴花会烧起来，把美人的青丝、翠鬟烧掉。字里行间流露出对美景的赞叹与对美人的爱怜，以及对此刻山水田间劳作生活的无比热爱。

首句破题，点明写作对象——山石榴。通过视觉描写，写似火般的山石榴与小山交相辉映的景象，那红遍山野的石榴花映入眼帘，令人不禁赞叹不已。运用了比喻的手法，将石榴比成火，突出了山石榴如火那样透红的特点，同时给人一种火热的感觉，也与石榴花开的季节（五六月份）相呼应，生动形象。同时也用了夸张的修辞，将山石榴那红艳的美丽最大化，令人有仿佛身临其境之感，赏心悦目。

第二句叙说田间劳作时的繁忙，却博得半日余闲，似乎也与这美丽动人的山石榴有莫大的关系。“繁”与“闲”本是一对反义词，在这里却可以相互映衬，忙里偷闲，能给人舒适、惬意的感觉。“艳”字又一次点出了山石榴的特点，而在此时的环境中，闲适之时又可以欣赏漫山遍野的山石榴，给平淡的生活增添了一抹回味无穷的乐趣，也体现出作者对山石榴、对大自然、对田间生活的热爱和赞美之情。

“一朵佳人玉钗上”一句更是写得妙趣横生，佳人折下一朵石榴花用玉钗簪到头顶，鲜花衬美人，此情此景，多么动人。“一朵佳人”中间省略了山石榴花，仿佛是作者有意为之，给人以似乎佳人就是那朵美丽动人的花的感觉，想象大胆、新奇。作者也通过此句表达了自己对美好爱情的渴望，对佳人的思念，好像山石榴花就是作者对此情此景最好的诠释，山石榴也就成为了美好、纯洁爱情的代表，被作者寄寓了极大的赞誉。

尾句作者更是运用大胆奇特、精彩新颖的想象，也似由心自然而然发出的感慨，会担心石榴花燃烧起来。“烧却”呼应第一句，因为作者在首句将山石榴花比作火焰，火是会燃烧的，所以此处有这样的担忧也就可想而知了，写得很精妙。“翠云鬟”又一次表现了佳人的美丽，集红色的鲜花、黑色的头发，以及翠绿的发簪于一体，视觉上三种颜色相互映衬，多么美丽的场景，同时也表现了作者对山石榴，更是对佳人的赞美。

雨

连云接塞添迢递①，洒幕侵灯送寂寥。
一夜不眠孤客耳，主人窗外有芭蕉。

> 注释

①迢递：遥远的样子，指思虑悠远、连绵不绝等。

> 题解

羁旅在外的杜牧本就对国家和自己的人生充满了忧虑，又加之凄风苦雨的悲景，种种忧伤的情感必将重之又重，《雨》中的痛苦、悲伤也就恰如这漫天的雨丝连绵不绝。

赏析

这首诗名之为《雨》，但四句话中没有一个雨字，而句句写的是雨。

第一句，“连云接塞”是实写，写的是远景；“添迢递”是虚写，写的是作者的个人情感，也点出了当时的写作背景。一“连”一“接”，形容雨水迷蒙，天地间似乎连成一体，所以作者才有“添迢递”的感觉。距离其实并没有因为下雨而添加，看似不合乎实际，但又实实在在地合乎作者的情感，因为雨切切实实地把作者与家乡分割开来，旅居的心自然而然地会觉得离家乡更加遥远了。这种虚实的矛盾达到了辩证的和谐。

第二句，“洒幕侵灯”是实写，写的是近景；“送寂寥”是虚写，写的是个人的情感。雨夹着风，风裹着雨，打湿了帘幕，摇曳了灯火，作者作为游子的心境就更加沉重，更加不安分了。自然，心里的寂寥也就涌上来了。

这一联，虚实结合，由远及近，突出了诗人自己对家乡的思念，对往昔的追忆。一个“寂寥”引发了作者在下一联中所凸显出来的孤独寂寞、无处遣怀的心情。诗人独自坐在灯下，看着窗外连绵的雨，想到自己游子的身份，不觉产生对亲人、对家乡的思念。

第三句，终于出现了主人公。咏物诗，往往最终是以人的活动来推进高潮。比如这首诗，前两句的“添”字和“送”字，到这会儿就有主了，也就是有了着落点。“迢递”不是雨所添的，“寂寥”也不是雨所送的，这些都是人的主观感受。接下来，本诗的主人公出场，以游子、孤客的身份出现在读者的面前。是啊，非孤客不会有如此感受。倘若是一对恩爱的情人，只怕是高兴得要牵着手去雨中漫步一回。孤客自然没有那种心情，羁旅在外，本来就“日暮客愁新”，还偏偏下着雨，并且雨一直下，下了一整夜！

第四句，作者不再写人。手段低一点的，估计是要在人的感受方面做进一步的渲染。但我们的杜牧是高手中的高手，自然另有他的套路。他用了一个在传统文化中和雨密切相关的意象，那就是芭蕉。芭蕉，写雨的诗中这个意象被反复地使用着，它是离情别绪、孤独忧愁的象征。从而由人再转入景物描写，使整首诗显得跌宕多姿。雨打芭蕉，淅淅沥沥，滴滴答答，如怨如慕，如泣如诉。

最后这一联，作者形象地凸显出了自己游子、孤客的身份，所要表达的情感也更加具体化，可以说，在这一联中，作者几乎是向读者剖明了自己的心境，让大家可以更好地了解作者游旅思乡的心。再加之“芭蕉”这一意境的引入，更使得诗中的情感再一次地加深。夜已经很晚，但雨却还在一直地下，原本就因为游子的身份而痛苦不堪的诗人自己，在这时情感却更加地深入，将情感一步步地推向了高潮。

柳　长　句

日落水流西复东，春光不尽柳何穷[①]。
巫娥庙里低含雨，宋玉宅前斜带风。
莫将榆荚共争翠[②]，深感杏花相映红[③]。
灞上汉南千万树，几人游宦别离中[④]。

>注释

①尽：穷尽。
②莫将：一作“不嫌”。共：一起。
③深感杏花：一作“深与桃花”。
④游宦：远离家乡在官府任职。

> 题解

本诗是一首折柳送别诗，也是一首咏物诗。诗人借描写柳树这个意象来抒发离情别绪，咏柳寄情，借柳伤别，睹物起兴，在游宦的别离中抒发对家人的依依不舍，也表达了诗人的高洁志趣和爱国精神。长句在这里指七言律诗。

赏析

“柳树”这个意象在我国古代诗歌中被赋予惜别怀远之意，“折柳送行”的习俗最早见于我国第一部诗歌总集《诗经》里的《小雅·采薇》：“昔我往矣，杨柳依依。今我来思，雨雪霏霏。”古时柳树又称小杨或杨柳，因“柳”与“留”谐音，可以表示挽留之意。离别赠柳表示难分难离、不忍相别、恋恋不舍的心意。

首联“日落水流西复东，春光不尽柳何穷”写了落日、流水、春光、垂柳这几个意象，运用起兴的手法，从眼前的景物写起，落日西逝、流水东流表明了时光的流逝，只短短几字就勾勒出了一幅落日晚景图，正是这样的景象引发了诗人的离愁。眼前无穷无尽的柳树是春的象征，此时正是春天，也是新的一年的开始，暗示诗人将要离开家乡，踏上游宦的征途。如此美丽富有生机的景色，在诗人眼中却含着淡淡伤感和离愁，为下文奠定了抒情基调。“柳何穷”为下文写柳树做铺垫。

春光不尽柳何穷

颔联“巫娥庙里低含雨，宋玉宅前斜带风”写了巫娥庙和宋玉宅前之柳，“含”和“带”二字运用拟人手法，写柳因雨重而低垂，因风拂而斜飘，写出了柳树的动态美，生动形象，以人之情写柳之美，这样柳就格外婀娜多姿、美丽迷人。“巫娥庙里低含雨”一句，运用神话，“巫娥”指巫山神女，亦泛指美女，作者以此来象征自己美好高洁的志趣。“宋玉宅前斜带风”运用典故，宋玉，又名子渊，屈原的学生，托志芳洁，修身自好，宁肯穷处守高，也不同流合污以求显荣，是一位报国无门、怀才不遇、宦途失意的文士。诗人当时身处在江河日下的晚唐，盛唐气息已一去不返，诸帝才庸，边事不断，党争延续，在这里诗人以宋玉自比，表达自己虽怀才不遇，宦途失意，但自己的一腔报国志是不会改变的，表现了诗人的爱国精神。

颈联“莫将榆荚共争翠，深感杏花相映红”写了榆荚和杏花，用“翠”和“红”两个色彩词表现它们的鲜艳活泼，生动形象。又写它们“共争翠”“相映红”，一派生机勃勃的景象。此联运用了借代的手法，用“榆荚”和“杏花”借代那些才华出众、有才能的游宦人，诗人不嫌和他们“共争翠”，而深与他们“相映红”，表现了诗人乐观、自信的情怀，同时也表明了诗人的政治才能。杜牧出生于诗书之家，是一位博古通今的大学者，早在他参加科举考试之际，就曾以一篇《阿房宫赋》传诵于文士之间。太学博士吴武陵击掌称好，甚至跑去向主考官登门直荐。杜牧确实有才华，而且政治才华出众。他专门研究过《孙子》，写过十三篇《孙子》注解，也写过许多策论咨文。特别是有一次献计平虏，被宰相李德裕采用，大获成功。

尾联“灞上汉南千万树”一句，运用典故，早在秦汉时，人们就在灞河两岸筑堤植柳，阳春时节，柳絮随风飘舞，好像冬日雪花飞扬。自古以来，灞柳就与送别相关联。唐朝时，在灞桥上设立驿站，凡送别亲人与好友东去，多在这里分手，有的还折柳相赠，李白就有首诗写道“年年柳色，灞陵伤别”，唐朝时就有“都人送客到此，折柳赠别因此”的风气，为文人骚客所乐道。“几人游宦别离中”点出了全诗的主旨，点明离别缘由，“宦游人”指的是上任途中的国家官员，而“游宦”重在一个“游”字，重点是寻找一个志同道合的聚集地，抒发离情别绪和对亲人的留恋之情。

新　柳[1]

无力摇风晓色新，细腰争妒看来频。
绿荫未覆长堤水，金穗先迎上苑春。
几处伤心怀远路，一枝和雨送行尘[2]。
东门门外多离别，愁杀朝朝暮暮人。

>注释

①柳：常有折柳送别的意思，用来表现离别之情。

②行尘：行走时扬起的尘埃，用以形容远行者。

>题解

这是一首借咏物而抒发离别之愁的诗。该诗由物感怀，借助柳这一意象及折柳送别的传统，以含蓄忧伤而又不乏清新流畅的语言，表达深深的离别之愁，十分感人。是一篇看似写柳，但实际抒发离别之情的佳作。

赏析

首联的“无力”与“细腰”写出了柳条的柔嫩，而柔弱一般都是新生柳条的姿态，所以也呼应了标题“新柳”。“细腰”运用典故，本来是指女子体形纤细，这里则用来表现柳条的纤细柔弱。“绿荫未覆长堤水”写柳条的绿荫还没有覆盖到长堤边的水面，表明了柳条还不够繁茂，也说明了柳条是新生的，呼应了标题“新柳”。“绿”从视觉角度写柳条，描写出了它的颜色。前四句从侧面写出了柳条是新柳，点明了诗作的背景是春天。而“细腰争妒看来频”“金穗先迎上苑春”写出了春天的生机勃勃，春意盎然。“迎”字用了拟人的修辞手法，使本诗语言更加生动形象，展现出一幅春意盎然的画面。春天是美好又充满生机活力与希望欢乐的季节，然而在这么美好的季节里却要离别，用春天的美好反衬出离别的痛苦，让读者能感受到更深的愁苦。前四句诗主要是写景，写了柳条的形态颜色与诗作的时间背景，为下文抒情做铺垫准备。第五、六句诗则开始准备抒情，写人们在雨中怀着忧伤的感情别离，去向远方。“一枝和雨送行尘”,“行尘”是行走时扬起的尘埃，这里借指远行的人们，“送”是拟人手法，柳条伴着细雨为远行的人送行。细雨和柳条这两个意象交汇在一起，烘托出了一种忧伤的气氛。自古以来都是折柳送别，而这蒙蒙细雨又多添了一份淡淡的忧伤，寓情于景，情景交融。“一枝和雨送行尘”为远行的人送行，“柳”与“留”的音相同，写“柳”有想让远行之人留下来的愿望，好像是想让柳条缠绕在远行之人的身上而不让他们离开一样，有一种深深的依依不舍的感情。用环境的忧伤衬托人们离别时的忧伤，使感情更加强烈，给读者更深的感受。“东门门外多离别，愁杀朝朝暮暮人”写别离是很多人都要经历的无奈的事，而因为别离带来的思念之情也使许许多多的人们感到忧愁、寂寞。“多”表明离别是人生中无法逃避的一部分，许多人都被离愁别绪缠绕不得脱身，想必作者也是其中的一人，与重要的人别离，沉浸在思念故人的痛苦、忧愁之中无法自拔。“愁杀”写出了忧愁的程度之深，离别的愁苦无法排遣。

杜　　鹃

杜宇竟何冤①，年年叫蜀门？
至今衔积恨②，终古吊残魂。
芳草迷肠结，红花染血痕。
山川尽春色，呜咽复谁论？

>注释

①杜宇：传说中的古蜀国国王。周代末年，杜宇在蜀地称帝，号望帝。晚年时，辖地发生洪水，杜宇派遣宰相鳖灵治水。鳖灵察看地形，疏导洪水，蜀民得救。杜宇为表彰鳖灵的治水功业，于是让帝位给鳖灵，自己则隐居西山，传说死后化作杜鹃，每到春耕时节，杜鹃鸣叫，蜀地百姓听后就说“我望帝魂也”，于是称杜鹃为“杜宇”。
②衔：怀着，含着。

>题解

作者以“杜鹃”为题目，一方面以杜宇的典故，描写了杜宇的冤屈；另一方面以杜鹃自喻，借杜鹃抒发了自己的悲愤之情。

赏析

在春夏之际，杜鹃鸟会彻夜不停地啼鸣，它那凄凉、哀怨的悲啼，常激起人们的多种情思。相传，古代有一位蜀国的皇帝杜宇，他发展生产，带领蜀地人民走出了茹毛饮血的蛮荒时代，让蜀地绽开文明之花，因此得到人民的爱戴。后来，他将自己的君位禅让给了臣下，自己隐居西山。然而，四乡不断有流言传出，杜宇的一番好心遭受诬蔑。杜宇受到打击，一病不起，以至于含冤而死，死后灵魂不灭变为一只杜鹃鸟。

开篇“杜宇竟何冤，年年叫蜀门？”铺陈直叙，面对杜鹃的种种传说，作者直接对年复一年哀鸣不止的杜鹃提出疑问，展开想象，为后文的内容做铺垫。同时“竟”字加强了语气，强调了冤屈之深，如何能“年年”叫蜀门。而“冤”则引出下文，也是作者提问的重点，为全诗奠定了感情基调。

颔联仍是对杜鹃的描写，时至今日，仍怀着千年的积恨，歌唱那凋谢的精魂。“至今”“终古”对于时间的描写以及“积”“残”二字中仿佛都在诉说着那千古不灭的厚重的冤屈，更加深了杜鹃悲愤的感情形象。

颈联“芳草”“红花”相互映衬，“迷”字暗示了作者的迷茫和愁怨。后句运用典故，古有传说，杜鹃鸟叫声像“不如归，不如归”，鸣时滴血，血滴花红，这就成了杜鹃花。血染红花，描写了一个凄惨的氛围，表现出杜鹃的不幸，同时暗喻自己。

尾联一句“山川尽春色”表现了时间的流逝。如今，高山大川都是春光灿烂，杜鹃啊，你为什么仍彻夜哀啼？从首联到尾联，作者与杜鹃的形象和感情步步融合，情感不断加深。此时运用反问，直抒胸臆，悲愤之情达到顶峰。“呜咽复谁论”一句照应了首联，使诗结构完整，也暗示了作者仕途不顺，无人理解，满腹愤懑无处发泄。

杜牧一生志向远大，却生不逢时，在晚唐这样的多事之秋，社会藩镇割据，宦官专权，朋党倾轧，唐王朝已接近没落的尾声。杜牧受家庭影响从小就有经邦济世的抱负，注意于定乱扶衰之策。他多次向朝廷提出有益的方案，但均未得采纳。其一腔热血壮志难酬，唯借杜鹃倾吐郁结：杜鹃你叫得再久再凄惨有什么用啊，当朝的君主也不理会，他们照样寻欢作乐，不会反思自己，只有我才能体会你的良苦用心啊。

杜鹃在其间成为自我形象的象征，亦可看作晚唐报国无门、郁郁孤哀的落寞志士形象的象征。

紫 薇 花

晓迎秋露一枝新①，不占园中最上春②。
桃李无言又何在③，向风偏笑艳阳人。

> 注释

①晓：天明。
②上春：早春。
③桃李无言：语出《史记》，意谓桃花、李花开得鲜艳靓丽，引得人们纷纷来赏，脚下都踏出了小路。作者在此处却一反其念，以桃李之朴素与花期之短来反衬紫薇的繁华与花期之长。

> 题解

杜牧因为志向高洁，恰如美丽的紫薇花，因而被世人称作“杜紫薇”，于是也就有了“紫薇郎对紫薇诗”的典故了。这首咏物诗就能够鲜明体现出花与人的共性，以物喻人、托物言志的手法也就尽在其中了。

赏析

乍看诗中只字未提紫薇花，但细品之下会发现每一句都使读者能在惊奇中享受到紫薇高贵不凡的气质与淡雅的风骨。它近乎反常的行文描绘，却给了读者最大程度的想象空间。我们仿佛可以看到不愿与群芳争春的紫薇在秋露中用绚烂的花朵秀尽了风采，更看到了不与世俗同流及不逢迎权贵的作者的耿介。

先看“晓迎秋露”一句，不仅点明了时间，更将读者的好奇心勾起：是什么花能在露水中笑迎秋阳？“新”字则更妙，分明将带露花朵的娇羞模样勾勒在纸上。只寥寥数笔，便将人带到了在秋露缀饰下云霞般的紫薇花花树前，而字里行间也浸着那么一股子若有若无的香气——那带着不衰的、持久的活力的香气。“不占园中最上春”更是赞扬了那紫薇花不与园中诸芳争艳霸春的谦逊特质。它只是在桃凋李零时默默无言地绽放、盛开，舒展着一春未动的花瓣，在夏秋两季建造了自己的舞台。“最上春”不是紫薇花的时间，那是已逝的桃李所拥占的天下。桃李曾以素颜倾倒众人，人们纷纷慕名而来，使得桃李树下被游人踩出了一条小路。这“桃李无言又何在”一句就写尽了时光飞逝，花无百日，未至仲夏，桃李尽谢之景。写实的同时兼有对比反衬，将紫薇花谦逊长久的美与桃李凋零之景形成鲜明的对比，也以桃李所代表的世俗反衬了紫薇花不凡的气质。于是诗中不与万香逐春的紫薇花笑吟吟地为世人所惊叹：多么华丽的花卉啊！尽管它没有桃的素雅，没有牡丹的大气，但是它仍以香气的甜沁与色彩的雅丽雍华而闻名于世。当然如果仅此而已，紫薇也不算稀奇，但些许你知道，紫薇又名“百日红”，它的花期可由春末至秋初。它就在那绿稠红稀、花事疏淡的夏庭内那样的妖娆，近观轻盈柔婉，远视风轻弄影，妍姿妙态，舞燕惊鸿，似最多情的人儿。

是的，紫薇花是植物中最多情的植物。它高雅而温婉，内敛而桀骜。有人说花儿长开不谢，是在满怀希望地待人欣赏吧！而在别离的秋时，赏花的知己也将离开，花儿也不必再开得那么盛了。于是在微风斜阳中紫薇飞尽了那艳丽的紫色，片片飞舞的花瓣似向那从春到秋不懈陪伴着自己的日光致意。这大概就是诗中所描绘的“向风偏笑艳阳人”吧！

而杜牧本人，也就像一朵紫薇。他的爱国之情，他的忠君之情，他的报国之情，他都希望能有人赏识，能有人在他最不得志时起用他才是他人生最大的意义。于是他只好在唐末的秋日暮光中郁郁地将满腹哀怨凝为了那轻飞在历史长风中的诗的花瓣，飘落至今。

蔷 薇 花

朵朵精神叶叶柔，雨晴香拂醉人头。
石家锦障依然在①，闲倚狂风夜不收。

>注释

①石家锦障：石崇曾与贵戚晋武帝的舅父王恺以奢靡相比，王恺做了四十里的紫丝布步障，石崇便做五十里的锦步障敌之。

>题解

此诗运用托物言志的手法，以蔷薇自比。表现了社会的动荡不安。表达了虽饱经摧残却仍不放弃理想的坚韧和生命力。抒发了作者不与世俗同流合污的高洁情怀，同时也表现了浓烈的爱国情怀和淡泊名利与生命一心为国的伟大情操。

赏析

我们从题目便可知，这是一首描写蔷薇花的诗。蔷薇花又名白残花，香味很浓，自古就是佳花名卉。“朵朵精神叶叶柔”描写花与叶的神韵气质、体格风貌。“雨晴香拂醉人头”则描写花的醉人香气。“雨晴”二字暗示花儿刚刚经受了一场风吹雨打，却不显疲惫，依然朵朵精神，香气袭人，更体现了蔷薇顽强的生命力和作者对蔷薇的喜爱。“石家锦障依然在”运用用典和比喻的修辞写花的华丽姿容，仿佛重现了石崇的五十里锦障。尾句一个“闲”字运用拟人修辞更是突出了蔷薇坚韧洒脱的精神，在狂风席卷的暗夜仍傲然挺立，悠然绽放，绝不屈服。

此诗表意流畅易懂，用典也不很生僻，可作者就只是想描写一朵蔷薇花吗？

弗洛斯特说：“所谓诗，就是翻译之后失去的东西。”失去的东西不是表意的层面，而是美感和精神上的。字面的表意并不难解，真正难于索解的往往只是诗歌背后的故事。

读诗先读人，让我们在窥探诗词深层含义前，先来读一读这位惊才绝艳的惜花人。杜牧生于官宦之家，其祖父更是官拜宰相。天生的富贵造就了杜牧一副贵公子的气质与风骨。正如普希金所说：“诗歌要有贵族气。”所以杜牧的诗词便天生带有了这种“贵族气”。他的童年生活富裕而快乐。但祖父、父亲相继去世后，他家日益贫困，“食野蒿藿，寒无夜烛”便是他生活的写照。杜牧生在唐王朝似欲中兴实则无望的时代。盛唐气息已一去不返，诸帝才庸，边事不断，宦官专权，党争延续，一系列的内忧外患如蚁穴溃堤，大唐之舟外渗内漏。面对如此江河日下、动荡不安的晚唐，杜牧忧心如焚，渴望力挽狂澜济世安民，主张削平藩镇，收复边疆。他有大才，却不被赏识。他想为帝王鞍前马后，却不被重用。写蔷薇实则是写自己，在此动荡又黑暗的社会仍“闲倚不收”，只因他已淡薄了生死，一心与国共存亡！

此处的用典也有深层的意义。石崇，在朝为官却富敌天子。可他到底是怎么富起来的？石崇原先官拜荆州刺史，史书中记下了这样一笔：“在荆州，劫远使商客，致富不赀。”短短一语，总算使后人明白石崇是怎么富起来的了。刺史是一州的最高长官，商人路过荆州，石崇对他们实施了明火执仗式的抢劫，这种勾当绝对是亦官亦盗，至此才可明白他是如何白手起家而成为巨富的。更可耻的是，他用这些抢来的民脂民膏与人斗富，铺张浪费却还沾沾自喜。“石家锦障依然在”是在借古讽今，批判那些贪官污吏，晚唐之蛀虫。

晚唐诗歌的总趋向是藻绘绮密，杜牧受时代风气影响，也有注重辞采的一面。他的诗风华流美而又神韵疏朗，气势豪宕而又精致婉约。人们给予他的评价是：“放旷不羁，雄姿英发。”但真正令人品味的是他的人。对晚唐他忠心耿耿，殚精竭虑，即使这个社会让他看不到希望；为政他能兴利除弊，关心人民，即使当时远离了政治中心，当一个小小的地方官。他上对得起一朝天子，下对得起黎民百姓。他就是那朵怒放在狂风中的蔷薇，即使身处无尽的黑夜，无人欣赏他绝世的才华，也要用渺小柔弱的文人之躯证明这铺天盖地的污黑中还有一点绝不屈服、绝不与世俗同流合污的素白！

到此我不禁轻叹一声，一个风云数百年的朝代，总是以一群强者英武的雄姿开头，而打下最后一个句点的，却常常是一些文质彬彬的凄怨灵魂。

梅

轻盈照溪水，掩敛下瑶台①。
妒雪聊相比，欺春不逐来。
偶同佳客见，似为冻醪开②。
若在秦楼畔③，堪为弄玉媒。

> 注释

①瑶台：仙境。

②冻醪（láo）：就是指冬天酿、春天饮的酒。

③秦楼：秦穆公为其女弄玉所建之楼，凤楼。相传秦穆公女弄玉，好乐。萧史善吹箫作凤鸣。秦穆公把女儿弄玉嫁给他为妻，并建造了凤楼。弄玉和萧史二人吹箫，引来凤凰，后两人乘凤，飞升到仙境。

>题解

杜牧的这首《梅》是一首五言律诗、咏物诗，借用了萧史和弄玉以箫为媒的充满了传奇色彩的故事，给梅花的花香赋予了一种浪漫的气质。

赏析

诗的首联“轻盈照溪水，掩敛下瑶台”，这一句将梅花比拟成了从瑶台仙境下凡的仙女，她袅袅婷婷、羞羞涩涩地在溪边对着水面端详着自己的倩影。一开篇就为梅花赋予了生命和灵气，把梅花写得美妙超凡。

颔联“妒雪聊相比，欺春不逐来”，这下我们知道了，原来，杜牧笔下的梅花宛若仙女一样对着溪水将自己梳妆端详一番，竟是为了要和冬雪一比容貌，看看谁更白净！与此同时，杜牧笔下的梅花不仅“妒雪”还“欺春”。因为梅花开在百花之先，且早于春天开放，诗人竟把这一自然现象说成是梅花在故意欺负春天不能追逐它而来。如此几句诗倒真像是把梅花写成了自恃孤傲美丽的仙女了。然而，颈联作者笔锋一转，写到了梅花性格的另一面。原来，梅花不只是会孤芳自赏，有时候，却也是多情好客的。

“偶同佳客见，似为冻醪开”，这一联是说，当梅花偶然遇到佳客的时候，

轻盈照溪水

就会将美酒打开，让佳客品尝又香又醇的美酒。“冻醪”，就是指冬天酿、春天饮的酒。品酒香实为品花香，在这一句，作者实际上是用了比拟的手法描写了梅花绽放时的花香。

尾联“若在秦楼畔，堪为弄玉媒”，进一步展开想象，说如果梅花开放在弄玉的秦楼旁，就可以成为萧史和弄玉的媒人，他们俩就不必以“箫”为媒了。在这里，作者是借用了萧史和弄玉以箫为媒的典故。

杜枚诗中的梅花被作者赋予成一位魅力超凡的女子，同时又是一位非常有个性的女子，不仅美丽冰清玉洁，又充满了独特的个人魅力，体现了杜枚笔下女子的细腻、委婉和对女子姿态表现的细致生动。杜牧的性格可以说是以豪迈磊落为主而兼有畅快、疏爽与倜傥，属于外向的开放类型的性格。所以他的律诗在雄劲豪宕中有时露出一些流丽之气，这正与其性格特点相合。

鹦　鹉

华堂日渐高[①]，雕槛系红绦。
故国陇山树[②]，美人金剪刀。
避笼交翠尾，罅嘴静新毛[③]。
不念三缄事[④]，世途皆尔曹[⑤]。

>注释

①华堂：就是华丽的堂。华堂范围很广，可以指殿堂，有一定规模的建筑，以及一般家庭的正屋大厅。

②陇山：又名“大陇山”“六盘山”“鹿盘山”“鹿攀山”等，地处宁夏和甘肃南部、陕西西部，位于西安、银川、兰州三省会城市所形成的三角地带中心。古代盘道六重始达山顶，故今名“六盘山”。山的东南陲有老龙潭胜迹，为泾水源头之一。这里还是黄帝轩辕氏和炎帝神农氏的发源地，因为黄帝和炎帝都来源于渭水流域，渭水和泾水上游即为陇山，现今所称的甘肃陇山本名为“小陇山”，是陇山的支脉，所以陇山就自然而然地成为了华夏民族的发祥地。这里是古丝绸之路东段北道必经之地，是

历代兵家屯兵用武的要塞重镇，也是北方游牧文化与中原文化的结合部。
③罅（xià）：裂缝。
④三缄（jiān）："三缄其口"的略语。缄：封。三：泛指多次。在他嘴上多次贴了封条。形容说话谨慎。现在也用来形容不肯或不敢开口。
⑤尔曹：意即"你们"。

赏析

鹦鹉多是艳丽、喜鸣叫的鸟儿。它们以其美丽无比的羽毛，善学人语技能的特点，更为人们所欣赏和钟爱。而在本首诗中作者赋予鹦鹉以象征意义，借以讽喻纸醉金迷、骄奢淫逸的贵族阶级及晚唐统治者，批判他们偏安一隅，无心收复失地，陷失地人民于水火之中。

前两句是场景描写，描绘了一幅初晨金殿图。初日的阳光渐渐高起，透过雕栏花窗射入华美的宫堂，光线的移动暗示时间的变化，系在雕栏上的红丝带在微风中无力地飘扬，暗喻风雨飘摇中的唐朝政权——大唐的土地又迎来新的一天。而这一天又会有什么变化呢？贵族统治阶级仍旧沉溺在醉生梦死的奢靡生活之中，而天下的百姓依然生活在无尽的苦痛之中；边关的战事愈发紧急，大唐盛世一步步走向衰落，这里的安宁还会持续多久呢？

诗人用宫中极致的安宁反衬边关战事危急，此时诗人的心中也是波澜起伏的，面对内忧外患，他忧心如焚，渴望力挽狂澜，济世安民，可是他徒有满腹才华，却无用武之地。颔联中的"陇山"，是历代兵家屯兵用武的要塞重镇，也是北方游牧民族与中原民

> 题解
>
> 该诗气势豪宕，文字精练，含蓄豪放并兼，借物抒怀，表现了作者爱国忧民的情怀。诗人心怀祖国山河与黎民百姓，空有一身政治才能却无法施展，只能将愤懑之情寄予诗歌之中。

族相隔的边塞之地，作者用“陇山树”借代唐朝被夷人所掳掠的疆土。而“美人”则是象征懦弱无能的昏庸的统治者、专权的宦官、保守派主张妥协的大臣等人。“美人金剪刀”寓意晚唐统治集团沉溺声色，将国土拱手让与他人。杜牧早年曾经注释《孙子》，还曾写下过不少军事论文，因此熟谙军理，好言兵，主战，自诩以救世之才。眼下边关烽火连绵自己却无能为力，亲眼见山河日趋颓败，国土遭蹂躏，朝廷割让的是领土主权，也更是割碎了作者的爱国之心。

颈联是对鹦鹉形态、生活习性的描写，呼应标题，“避笼交翠尾”句调动视觉感官，色彩鲜明灵动，鹦鹉的灵动跃然纸上，下一句的“罅嘴静新毛”更是形象生动地表达出了鹦鹉的举止特征，两句简句将鹦鹉高贵悠闲的形象展现在读者面前。作者赋予鹦鹉象征意义，鹦鹉就是昏庸的权贵，作者将鹦鹉的典雅、高贵写得越形象，我们就越能够看到在国家危机时刻那些昏庸权贵悠闲自在生活的丑恶情态，作者的怨恨、愤怒之情也越发得浓烈。作者的情感最终在尾联爆发，直抒胸臆，“不念三缄事，世途皆尔曹”，如此激越的感情宣泄也正是杜牧豪放有为、刚直感言性格的体现。

鹤

清音迎晓月[①]，愁思立寒蒲[②]。
丹顶西施颊，霜毛四皓须[③]。
碧云行止躁[④]，白鹭性灵粗。
终日无群伴，溪边吊影孤[⑤]。

>注释

①清音：清越的声音。

②蒲：因多生长于水滨，故称。

③四皓：指秦末隐居商山的角（lù）里先生周术，东园公唐秉，绮里季吴实，夏黄公崔广。四人须眉皆白，故称商山四皓。高祖召，不应。后高祖欲废太子，吕后用张良计，迎四皓，使辅太子，高祖以太子羽翼已成，乃消除改立太子之意。

④碧云：碧空中的云。喻远方或天边。多用以表达离情别绪。

⑤吊影：对影自怜。喻孤独、寂寞。

> 题解

杜牧的《鹤》是首典型的咏物诗。在古代“鹤”与人的诚挚守性、修身洁行的品格相连，后人往往依其义，称具有这种品格的人为鹤鸣之士。大致鹤能够在广袤的空间飞翔，中国古代神仙故事中的鹤便可以在超越俗世的时间和空间往来，《相鹤经》说鹤“飞则一举千里”，这种特殊的飞翔能力，往往用来比喻有大志。

赏析

作者用“鹤”这个意象来比喻自己的远大志向和君子之风。

前四句写到仙鹤迎着晓月，发出清越的叫声，静静地立在寒蒲中，像是在深思发愁；它那丹顶像是西施绯红的双颊，它那白色羽毛像是四皓的胡须。第一句侧重于声音，第二句侧重于神态，三、四句侧重于色彩，可谓视听并用，形神兼备。以西施红润的双颊比“丹顶”，以四皓斑白的长须喻“霜毛”，比喻很贴切，使白鹤的形象神态如见。作者表面写鹤愁，实则写己愁。首联中的“清音”“晓月”“寒蒲”渲染了凄清的氛围，用哀景来衬托哀情。“愁”字为读者留下悬念，作者因何而愁？

颔联中作者运用典故。四皓尚谦让，行中庸，薄名利，鄙财富，能进能退，能官能民，退不言功，功不受赏。作者用“四皓”来自比，表现自己高洁的品格，这也正是鹤的一个寓意。颔、颈联中，作者运用了“丹”“碧”“白”多种色彩词，与首联中听觉、神态，构成多角度描写，使鹤这个形象产生了立体感。

颈联出现的“白鹭”意象多代表安静、平和。然而作者却说它“性灵粗”，不仅是从反面衬托出鹤的高洁及鹤代表的作者远大的志向，还与作者所处的时代有关。杜牧生在唐王朝即将衰落的时代，面对内忧外患，他忧心如焚，渴望力挽狂澜、济世安民。在其留世的480多首诗作中，揭示社会矛盾、关心国家兴亡、表其爱国之志的诗作占杜牧诗歌的主导地位，有200多首。如《感怀诗》《早雁》《昔事皇帝三十二韵》《李甘诗》《雪中抒怀》《李给事中敏二首》《题横江馆》《即事黄州作》，等等。这些诗慷慨激昂，直抒胸臆，表达了杜牧建功立业、报效国家的良好愿望，流露出济世补天的理想与心态。在第三句“丹”这类红色意象也在杜牧诗歌中很常见。如《山行》中“霜叶红于二月花”的霜叶意象，这样的例子在杜牧的诗歌中比比皆是。结合时代背景，不难理解杜牧描写红色意象中蕴含的爱国精神和政治抱负。“晓月”“寒蒲”也映射当时动荡的社会。

在尾联中，作者写出了愁的缘由，便是孤独、无群伴。然而作者愁的并不仅仅是孤独。杜牧为宰相杜佑之孙，系出名门，并少年科第。《新唐书·杜佑传》载：“牧好读书，工诗为文，尝自负经纬才略。”在参加科举前，杜牧便有《阿房宫赋》传诵于士人之间。杜牧《郡斋独酌》一诗更直接表示了自己的理想和抱负：“岂为妻子计，未去山林藏。平生五色线，愿补舜衣裳。弦歌教燕赵，兰芷浴河湟。腥膻一扫洒，凶狠皆披攘。生人但眠食，寿域富农桑。”可见其自视之高。但杜牧一生仕宦并不得意，在年少中进士及第、制策登科后，在江西、宣歙、淮南诸使府为幕僚多年。虽也曾入朝，但时间不长，最后官至中书舍人。

前几句中作者写自己有四皓之才，有不同于白鹭的远大志向，然而却只能在溪边吊影自怜。结合杜牧生平不难看出作者更多的是愁自己的怀才不遇。尾联容易使人联想到闲云孤鹤。闲云孤鹤旧指生活闲散、脱离世事的人，比喻无拘无束、来去自如的人。《诗经·小雅》有《鹤鸣》诗："鹤鸣于九皋，声闻于天。"其中有招致人才之意。由此可见，作者并不想无拘无束、脱离世事，而是渴望被朝廷重用，为国家建功立业。

纵观全诗，"愁"贯穿全篇。杜牧借咏鹤来表达自己怀才不遇的愁苦，希望自己能如鹤舞长空，展现自己的经纬才略，实现自己的远大志向。

春　　怀

年光何太急，倏忽又青春[①]。
明月谁为主？江山暗换人。
莺花潜运老[②]，荣乐渐成尘[③]。
遥忆朱门柳[④]，别离应更频。

> 注释

①倏忽：很快地，忽而间。
②潜运：悄悄运转。
③荣乐：荣华逸乐。
④朱门：古代王公贵族的住宅大门漆成红色，表示尊贵，借指豪富人家。怀仁县端午又名“朱门”。此处朱门借代家乡。

>题解

杜牧的生活和仕途充满了太多的遗憾和悲伤，世事艰难、身世飘零、青春不再，但是志向仍在，本诗抒发了诗人对青春生活的怀念，以及对故乡生活的怀念。

赏析

乍一看春怀，又一看杜牧，即使还没看见诗是什么，便大可知晓诗中所讲一二了。时光为何消逝得如此之快？忽而青春一去不复返，明月到底为谁做主？江山易变，人生亦变幻无常，却问又有什么是不变的呢？确乎是没有了吧。莺鸟啼叫，花落满树，人事变化，偷偷地将时光运走，我的年岁已渐渐上涨，双鬓冒出了白发。人也越来越感觉老去了，回忆起遥远的家乡江门前的柳树，一股离别之愁更加频繁了。

“春怀”即惜春、怀春之意。而“春”一指四季中的春天，那是生机盎然的季节；二指青春年少的时光，那是人生中的“春天”。一年之计在于春，一日之计在于晨。对于诗人亦是如此，青春的时光总是美好的，而此时的杜牧，背井离乡，生活困顿，家庭也很不美满，在朝廷上的生活也不得意，有一身壮志却难以得到施展。再加上自己年事已高，便不自觉地对“春”有怀念之意了。

“年光何太急，倏忽又青春。”韶光匆逝，青春难再，时光为什么走得这么急，那么不留情面呢？忽而，青春从我手上溜走啊！开篇以一反问，直抒胸臆，抒发了自己对已逝青春的无限感慨，而“倏忽”表现时间快得让人难以发觉，有一种白驹过隙之感，而“又青春”是在感叹人生易逝、青春易老啊！

“明月谁为主？江山暗换人。”“明月”这个意象本就是指怀念故乡，“春风又绿江南岸，明月何时照我还”“但愿人长久，千里共婵娟”“可怜今夕月，向何处、去悠悠”“月既不解饮，影徒随我身”“小时不识月，呼作白玉盘”“海上生明月，天涯共此时”“月落乌啼霜满天”“深林人不知，明月来相照”等诗句无不体现着作者对家乡的怀念，而这里，作者却将明月化为寄托对青春怀念的对象。“谁为主”则是对官场黑暗、人民生活困苦，诗人暗发不平的感慨啊！只是作者感时伤乱，对于国家走向灭亡的慨叹。“江山暗换人”是对世事变迁、沧海桑田的感叹，江山一代代地易主，而我呢？却受不到重用。

“莺花潜运老，荣乐渐成尘。”莺鸟啼叫，花落满树，人事变化，偷偷地将时光运走，我的年岁已渐渐上涨，双鬓冒出了白发。“莺”“花”本是欢乐的意象。在这里却被作者化用为时间的使者，不知不觉将老年带到我身边。而随着年岁增长，荣华富贵、享乐、安逸，这些原来自己看得很重的东西，似乎也如尘土似的飞扬走了。这是作者淡泊名利、豁然开朗的表现。

“遥忆朱门柳，别离应更频。”人也越来越感觉老去了，回忆起遥远的家乡江门前的柳树，一股离别之愁更加频繁了。至今还会时不时地想起故乡江门前的那棵柳树，柳树不正是春天的代表吗？“不知细叶谁裁出，二月春风似剪刀。”而同时柳树又是别离的代名词。遥想当年离家时柳树正长得茂密，家中老母含泪相送，这是对欢乐生活的怀念，而后一句“别离”便和“朱门柳”对照了，“频”又突出诗人离家之远、思家之切。

春尽途中

田园不事来游宦①，故国谁教尔别离？
独倚关亭还把酒，一年春尽送春时。

> 注释

①游宦：远离家乡在官府任职。

> 题解

杜牧的一生经历大起大落，晚年寄身异乡，亲朋息迹。盛唐不再之痛，年华迟暮之悲，孤身独处之苦，有志难骋之愤，不时袭上心头，又面临着大好春光的逝去，内心的抑郁、烦闷自不待言。春尽，顾名思义是抒写春天消逝的感慨。

赏析

五月，春未尽而夏初来，季节悄悄在转换。一如季节的转换，明明是春尽夏初这一大好时节，诗人却为何只看到春尽而满目苍凉，诗人在首句点出了，诗人现在所处的状况是“游宦”。何为游宦，指的是下层文士漂泊、蹉跎，四处求官入仕，但我们可以清楚地知道杜牧家境优渥，不存在游宦之说，那么我们可以理解此处诗人暗指不被他人赏识，四处游历，以希遇到自己的伯乐，出人头地，做出一番功绩。而这方面对杜牧来说是最无法接受的，杜牧自幼就有深厚的家学功底，早在他参加科举考试之际，就曾以一篇《阿房宫赋》传诵于文士之间。太学博士吴武陵击掌称好，甚至跑去向主考官登门直荐。幼年的一帆风顺，成年仕途的坎坷，深深地打击了这位才子。

而第二句则把这层的愤懑上升到了另一个高度，诗人第二句说“故国”，而故国是什么，是已灭亡的、在历史车轮下的、无可追悔的过去，是已灭亡的国家。诗人为何这样说，联系诗人当时所处的社会背景，杜牧处在江河日下的晚唐，盛唐气息已一去不返，诸帝才庸，边事不断，宦官专权，党争延续，一系列的内忧外患如蚁穴溃堤，大唐之舟外渗内漏。杜牧确实有才华，而且政治才华出众，却是空有相才，而无相器。诗人只好以故国来比拟盛唐，借以抒发心中报国无门、明珠投暗、生不逢时的感慨。熟读史书，看透时局，杜牧无法力挽狂澜，只得无奈将一腔悲愤交于酒肆。对于杜牧而言，饮酒成了疗伤祛痛的乐事。

从第三句开篇一个“独”字，写尽了诗人寂寥孤苦、无人赏识的愤慨之情，更是暗写了孤独、寂寞的环境，情景交融，哀景衬哀情，这与他仕途失意、抑郁不平的心境不无关系，诗人仕途的坎坷、生不逢时的寂寞跃然纸上。

结尾处故意宕开一笔，借关亭把酒，略解自己的春愁，表面上冲淡了全诗的悲剧色调，实际上将那种世无知音的落寞感含蓄得更为深沉，表达得更耐人寻味。

从诗中感受到杜牧的郁闷无从排遣，唯有借酒浇愁而已，感慨那暮春三月一去不还。人生就像一条漫漫长路，不知来路，亦不知归途，而自古就有诗人感慨这人生宛如在途中，古有《途中寒食》这一名篇，讲的是诗人在路途的马上度过晚春的寒食节，可惜在江边的码头上望，却看不见来自洛阳灞桥的离人，虽然被贬为下臣放逐到南方，心中还是惦念着北方的英明君王的故乡家园，令人伤心断肠的地方，经历了日日夜夜之后，新的柳条又长出来了！而这一景致与杜牧何其相像，一在寒食一在春尽，都有绝世之才，却都不被人赏识，内心寂寞、愁苦之情无以言表，唯有借酒消愁。

通篇扣住“春尽”抒发情怀，由惜春引出身世之感、家国之悲，一层深一层地加以抒发，而又自始至终不离开春尽时的环境景物，即景即情，浑然无迹，这就是诗篇真挚动人的力量所在。

春日古道傍作

万古荣华旦暮齐①，楼台春尽草萋萋②。
君看陌上何人墓③，旋化红尘送马蹄④。

> 注释

①旦暮：从早到晚，表示时间很短。

②萋萋：草长得茂盛的样子。

③陌上：指田间，田间小路，南北方向叫作“阡”，东西走向叫作“陌”。陌上，还代表一种态度，就是立于田野，心有宁静，称为陌上观。

④红尘：在古代时的原意是指繁华的都市。出自东汉文学家班固《西都赋》的诗句，指的就是这个世间，纷纷攘攘的世俗生活，来源于过去的土路车马过后扬起的尘土，借喻名利之路。

>题解

这是一首借景抒情的七言绝句，题目便点明了时间和地点，“春日”的生机盎然和“傍”形成了对比，表明了作者的情感，“古道”则指旧的道路，表明怀古，含蓄地表达了国家的命运和个人的遭遇。

赏析

“荣华”即荣耀显贵，但“旦暮”又表明时间很短，说明了荣华富贵并不能永远拥有，也只不过是身外之物，却自古以来一直被人们所追求。此句为首联，引出了作者对名利和金钱的感慨，为后文做铺垫。

颔联从楼台上观景，表明了是从俯视的角度。“春尽”，表明春天即将过去，本应怀有淡淡的哀伤，但草却“萋萋”，仍有一种生机盎然之感，表明应珍惜现在，珍惜美好的时光。

颈联点明诗人漫步在田野之间，看到了先人的墓碑不禁触景生情，先人也不例外，陵墓旁的寺庙一修再修，也阻止不了昔日壮观的佛寺、楼观化为废墟，最后变为眼前这块空旷的土地。诗人感慨万千，昔日的昌盛，而如今却是一片破败，不禁心痛万分。

尾联中“红尘”二字，点明了文章主旨，用红尘来借喻名利，含蓄、委婉，语意高妙，并与首联的“荣华”形成对比，表明了作者渴望建功立业，却又不得志的抑郁情感。

全诗带有悲伤的情感，不仅悲伤自己，也悲伤国家，国家的昔盛今衰，盛衰无常，与自己的人生不得志相映衬，诗人对朝政的昏乱和国势的衰微，表示无限的忧愤，同时也体现了作者忧国忧民的情感，表现了对难民的体贴、同情，也暗示统治者对他们的漠不关心，统治者一味地追求金钱，必将导致国家由盛转衰，走向灭亡。而杜牧满腹的才华，而无相器，又生不逢时在江河日下的晚唐，盛唐气息已一去不返，诸帝才庸，边事不断，宦官专权，党争延续，一系列的内忧外患如蚁穴溃堤，大唐之舟外渗内漏。杜牧死后不过数年，农民起义便如风起云涌，再过五十年，江山易帜。“请数系虏事，谁其为我听”，杜牧的才能，湮没于茫茫人海之中。若将每一字、每一句细细体会，字里行间所表达的深厚的思想感情便得以了解，杜牧的抑郁与无奈便跃然纸上，杜牧的诗咏史是表，讽今才为其里。此诗委婉地抒发了对统治者的怨恨，对国家的担忧和自己不能为国家效力的苦闷之情。

秋　夕

银烛秋光冷画屏①，轻罗小扇扑流萤②。
天阶夜色凉如水③，坐看牵牛织女星④。

> 注释

①画屏：画有图案的屏风。
②轻罗：柔软的丝织品。
③天阶：露天的石阶。
④牵牛织女：星座名。

> 题解

《秋夕》是一首描写宫女秋夜怨思的绝句。通过初秋之夜身处皇宫深院的宫女百无聊赖的心理和动作，表现女性对爱情和幸福的执着追求与向往。

赏析

纵观全诗，它宛如一幅清丽淡雅的仕女图，呈现在读者的面前。以形象和动作含蓄深沉地表现人物复杂的内心世界，是这首诗在写作技巧方面突出的特色。

“银烛秋光冷画屏，轻罗小扇扑流萤”二句：夜幕降临，未得皇帝临幸的宫女正在冷宫中傍烛独坐，昏暗的烛光照在画屏上，她感到似有无限寒意频频袭来。流萤生于腐草之中，更让人切身体会到宫女惨淡、寂寞之处境。时不时地扑萤倒有些小女孩的生气，但更多的却是她去除寂寞之为。不难想到此时只有流萤给寂冷秋夜带来一点儿幽微而迷惑的光亮，而不甘寂寞的宫女挥动团扇，捕捉流萤，以打发漫长而无聊的夜晚。一个“冷”字，状摹出宫中寂寞的景象；一个“扑”字再现出宫女捕捉流萤时忽而蹑手蹑脚，忽而敏捷扑跳的情景。轻罗小扇也是有它的寓意的，在古诗中取秋扇无用之意，常将秋扇比作弃妇之意，也象征着持扇宫女被弃的命运。

第三句又转而写景，“天阶”特指

坐看牵牛织女星

宫内石阶，用“凉如水”来写夜色之深，写深宫内寒气袭人，这也就进一步烘托出“冷”的气氛，而且自然地将宫女的目光从地下引到天上：“坐看牵牛织女星”。一个“看”字，含蕴丰富：宫女遥望夜空，寻找那被银河隔开的牵牛星与织女星，触景生情，深叹自己的命运还比不上神话中的男女主人公，因为他们还可以每年七夕相会，而自己一进深宫便永隔人世了！这是多么悲惨的现实！诗人巧妙地从动作写到眼神，从形写到神，“不言怨而怨自在言外”（喻守真《唐诗三百首详析》）。普普通通的“坐看”二字，将宫女十分细微、复杂的心理活动刻画得淋漓尽致，所以清人蘅塘退士孙洙评论此诗：“层层布景，是一幅着色人物画，只‘坐看’二字，逗出情思，便通身灵活。”（《唐诗三百首》）

杜牧的许多诗，都是深有寄托的。胡适先生早年在给沈尹默先生的一封信中说：“我以为寄托诗须要真能‘言近而旨远’。……从文字表面上看来，写的是一件人人可懂的平常事情；若再进一步写，却还可寻出一个寄托的深意。……‘言近’则越‘近’（浅近）越好。‘旨远’则不妨深远。言近，须要不依赖寄托的远旨也能独立存在，有文学的价值。”杜牧的这首《秋夕》之所以能千古吟诵不绝，恐怕道理也正在此。

全诗的语言朴实无华，清新流畅，“银”“冷”“轻”“小”“凉”这些极常用的形容词与“烛”“画”“罗”“扇”等极普通的名词巧妙地组合在一起，构成了意境深远的画面，又用“扑”“坐看”的习见动词使本来静止的画卷活动起来，使其蕴含的内容更加丰富，达到了言近旨远的效果。

秋　思

热去解钳钛[①]，飘萧秋半时。
微雨池塘见，好风襟袖知。
发短梳未足，枕凉闲且欹[②]。
平生分过此，何事不参差[③]。

>注释

①钳钛（qián dì）：古代的两种刑具。指以钳束颈，以钛箍足，这里比喻天气炎热。

②欹（qī）：倾斜，歪向一边，通“倚”，斜倚，斜靠。

③参差：错过，蹉跎。

> 题解

题目是《秋思》，“秋”是秋天或者是秋景抑或是秋风，“思”是思念家乡。作者满怀着思念和离愁别绪，抒发了强烈的思乡之情。

赏析

当作者一个人在做其他事情的时候，在解衣或在散步或在梳头抑或在睡觉，都无时无刻不在思念自己的家乡，对自己的家乡，他由衷地热爱，无论怎样他都想回到自己的家乡去。如此地热爱家乡，为什么不回去呢？古代诗人不是都会写家书回去以解思念之情吗？那么杜牧为什么不写家书回去以慰思乡之情呢？可能是觉得这样做会让自己的思乡之情更加迫切吧！如此这样的人，自然不会为了官场去烦恼，看这个题目，自然就是为了思乡之情。秋，愁之象征；思，诗的发展。秋之思是人的哀愁，秋天是勾起回忆的时候，面对秋之景物心静如水流。万籁俱寂，仿佛真的“只剩下我一个”了！秋天是愁的象征，无数哀愁在这个寂静而又鲜红的秋天狂放。

首联前半句表面上是写自己觉得热而解去衣服，实际上是说作者那颗思念家乡的心正在蠢蠢欲动，而后半句却说秋天的萧瑟、秋天的冷。首联采用了反衬的手法，以秋天的冰冷来衬托自己内心的火热，更加显示出回乡的渴望与迫切。颔联首句用的景物描写，读到这句，便会情不自禁地留恋于那烟雨缥缈的点点水星，沉醉于那源自于襟袖中徐徐而来的温馨与浪漫。“微雨”与“好风”无意，“池塘”与“襟袖”却满含深情。每每读到这句，便会生发出许多感慨。把自己比喻成微雨，把家乡比喻成池塘，微雨希望见到家乡的深切感情；后半句把自己比喻成好风，把家乡比喻成襟袖，表现出襟袖知道好风思念它。颔联运用了比喻和拟人的手法，突出思乡之情，使其情感程度更深。颈联写的都是平时的生活，梳头发梳不好，晚上睡觉时也睡不着靠在枕头上发呆。这句话把前两联做了一个升华，平时生活中都无时无刻不在思念自己的家乡，可见思乡之情多么地热切，想要回家的心是多么地渴望，这种感情已经深深地烙在了他的心上。尾联是全诗的主旨，是点题的重要部分，表达出了作者的哀思，如果这一生都不能再回到家乡了，该怎么办！如今回想起来，以前的那些事情有什么用呢？这故事采用了循序渐进的方法，由大致到细小，由浅显到深刻，使思乡之情得到了升华。

故乡是游子心中永恒的家，而乡愁又是诗人心中难解的结啊！

秋日偶题

荷花兼柳叶[①]，彼此不胜秋。
玉露滴初泣，金风吹更愁[②]。
绿眉甘弃坠[③]，红脸恨飘流[④]。
叹息是游子，少年还白头。

>注释

①兼：又、和。
②金风：指秋风。玉露、金风，泛指秋天的景物。
③绿眉：代指柳叶。
④红脸：代指荷花。

> 题解

这首诗标明“偶题”，应是一首即景抒情之作，“秋”点明了作者写作的季节，诗人在秋风乍起的季节，白天把偶然进入视线的荷花、柳叶、露珠，观察到它们的形态、动作，心有所感，加以艺术剪裁和点评，构成一幅色系清幽、情思蕴结的图画，在作者的妙笔下，画意与诗情完美地融为一体。

赏析

“荷花”一意象表明对逝去光阴的叹惋，“柳叶”一意象营造出一种愁的悲凉意境。首联写荷花与柳叶满载忧愁，“不胜秋”更是表现出愁的程度之深。给荷花、柳叶赋予了人的情感，仿佛它们正满载忧愁在秋风中哀叹。

“玉露”形象地写出了露珠的晶莹剔透，而后写露珠好似哭泣一般，给露珠赋予了生动的形象。“金风吹更愁”一句用了“金风”而不用“秋风”，形象地描写出秋日微风，仿佛要将人带入那秋日愁绪当中。“吹更愁”表现了作者的愁绪之深，秋风非但没吹走作者的愁思，反而使作者的愁绪更浓了几分，侧面反映出作者内心的愁苦、惆怅，“愁”字直接表明了作者的心情，奠定了全文情感的基调。

颈联“绿眉甘弃坠，红脸恨飘流”形象生动地表明了作者对时光匆匆逝去的慨叹，对于人生的叹息。“红脸恨飘流”写出了作者身在他乡的思乡之情。两联对仗工整，“绿眉”与“红脸”，“甘”与“恨”，“弃坠”与“飘流”相互对应，给荷花、柳叶的形象赋予了生命，也使作者的愁思跃然纸上；“甘”与“恨”二字给荷花、柳叶两意象赋予了人的情感，使之形象生动，通过荷花、柳叶写出作者自己愁苦、伤感的原因与程度。

“绿眉”与首联中“柳叶”形成映衬。表面上是指秋日柳叶甘愿坠落的景象，实际上由“绿眉”暗指自己正年轻却不再意气风发，似乎正走向人生末年的惆怅感慨之情。“红脸”与首联中“荷花”形成映衬。表面上写荷花不愿在水中任意漂流，实际上作者用“荷花”“红脸”指代自己，表现出作者四处飘荡远离家乡的悲伤之情与对时光流逝自己却无所作为的无限感慨。

作者用“甘”“恨”两个拟人化的词语形容景物柳叶、荷花，实际上这二字正表达了作者的愁思。“弃坠”“飘流”既指荷花、柳叶又指作者自己，一语双关，“弃坠”看似柳叶无奈坠落，“飘流”看似写荷花在水面上漂浮流动，实际上暗指自己身在他乡四处漂泊。作者将自己的情感寄托在荷花、柳叶上，托物言志，寓情于景，情景交融。

最后一句“叹息是游子，少年还白头”点明了这首诗中作者的中心思想，表明了作者“游子”的身份。“叹息”也写出作者身在他乡，抑郁不得志的感叹；“少年还白头”表明作者虽年少却出现白发，还有许多的事情让作者思虑过度，对自己自身状况的自嘲，写出作者对时光匆匆流逝、自己却无所作为的悲伤感叹。

全诗每联最后一个字韵脚相同，读起来朗朗上口，富有韵律美。全诗无处不透出作者的忧愁，诗虽简短，作者却能用有限的字句通过景物托物言志、情景交融，表达出作者深深的愁绪与对时光逝去的感慨。

秋　梦

寒空动高吹，月色满清砧[①]。
残梦夜魂断，美人边思深。
孤鸿秋出塞，一叶暗辞林。
又寄征衣去[②]，迢迢天外心[③]。

> 注释

①砧：捣衣石。
②征衣：从军远行的衣服。
③迢迢：遥远。

>题解

诗人希望施展抱负，为国效力；希望百姓过上安定平稳的日子，国家和平安定。而这首诗描写了一个带有浓浓相思之情的思妇形象，表达了一个女子独守空房的寂寞相思之苦的情感，杜牧借此含蓄地表达了自己忧国忧民的情怀。

赏析

全诗描绘的不是梦境，而是在一个凄寒的秋夜里，月光照在捣衣石上，一个独守空房的女子夜半梦醒，一个人在月光里独自思念远在塞外戍边的丈夫。想起自己寄去的征衣，不知是否已经到了丈夫的手中。在遥远的一方深切地思念自己的丈夫，期盼着丈夫的归来。

诗的首联描写一个寒冷的秋夜里，风在空中吹着，月色洒满了捣衣石。前半句通过“动”和“吹”两字以动衬静，突显了夜晚的静谧，写出了女子的孤独之感。“寒空动高吹，月色满清砧”中“寒”字点明了季节和天气，也写出了女子独守空房的冷清。“月色满清砧”中“月”字表达了女子对丈夫的思念，用月色寄托了自己的思念之情。在诗歌中，“砧”字往往表达了思妇对征人戍边的思念之情。诗中首联通过对夜晚景色的描写，体现了女子独自一人的寂寞孤独，为下文描写女子夜半梦醒时思念自己的丈夫做铺垫。

颔联描写了女子在半夜里惊醒起

来，在月光里倚在枕边思念自己远在塞外征戍的丈夫，独自忍受相思之苦。“夜”字点明了时间，从“残”和“断”两字可以体会出女子梦醒时的惆怅。“美人边思深”直接写出了女子对远征的丈夫的思念。颔联通过对女子夜半梦醒时的表现，直接抒发了女子对丈夫的思念。

颈联中描写了孤鸿出塞和一叶辞林的景象。“孤鸿秋出塞，一叶暗辞林”中用“孤鸿”和“一叶”比喻征人，“孤”和“一”两字体现了征人戍边的孤独，“出塞”和“辞林”点明了女子思念丈夫的缘由是因为丈夫去塞外戍边而迟迟不归。颈联通过对“孤鸿”和“一叶”的描写，侧面表现了女子对丈夫的思念之情，体现了征人对离开家的不舍和去塞外戍边的孤独。

尾联描写女子为丈夫又寄征衣和对远在塞外征戍的丈夫给予的无限思念之情。“又寄征衣去，迢迢天外心”中“又”字写出了征人的久去不归，从而侧面表现了女子的相思之情。“迢迢”表现了思妇与征人相隔的距离遥远，侧面表现了女子对丈夫思念的心情难以抒发。

全诗不仅表现了一个女子因丈夫去塞外征戍且久去不归的思念之情，和深切期盼丈夫归来的情感，更加体现了在那个社会动荡、战争频繁的晚唐时代，百姓生活在战乱时期的痛苦使诗人对百姓能安定地生活和国家安定和平的期望。

早　　行

垂鞭信马行①，数里未鸡鸣。
林下带残梦，叶飞时忽惊。
霜凝孤鹤迥②，月晓远山横。
僮仆休辞险，时平路复平。

> 注释

①信马：任马行走而不加约制。唐岑参《西掖省即事》诗："平明端笏陪鹓列，薄暮垂鞭信马归。"宋张先《木兰花》词："帘重不知金屋晚，信马归来肠欲断。"

②迥：高。

>题解

《早行》是晚唐时期杰出的诗人杜牧写的一首五言律诗，属于咏怀诗中的羁旅行役诗。羁旅行役诗特点就是即事抒怀，通过鲜明的艺术形象，真切地反映旅人旅途的感受。《早行》写了诗人早晨起来与童仆上路，看到林密山远，旅途艰险，感慨颇多，鼓励童仆也是鞭策自己奋力前行。同时对时局不稳表示担心，显示诗人对朝廷励精图治、重振国威的期望。

赏析

前三联写早行所闻所见。突出了“早”字。首联写起程所闻，“垂鞭信马行”可见诗人并没有急事，“垂鞭信马”任马行走而不加约制，也许是起得太早，睡意未消，总之诗人不着急赶路。“数里未鸡鸣”写了诗人出发太早，走了几里鸡未鸣叫，从听觉上写“早”。

第二联写途中所见，是近景。“林下带残梦，叶飞时忽惊。”因早起所以诗人行在林中仍在打盹儿，周围寂静空旷，残梦若断若续，树叶飘飞惊醒续着残梦的诗人。这就把旅行者早行时的情景，十分真切地描摹了出来。

第三联是写远景。诗人清醒了，开始观察路途景色，此刻天时尚早，晓月尚未落下，周围的植被上凝着霜雪，只有孤鹤在天空飞翔，远处的山峰看不清全貌。“月晓”“霜凝”说明天色还早且寒冷，“孤鹤迥”“远山横”写出了行程之远而险。这种情景，对于旅人来说，是会产生一种孤独、寂寞之感的。前路漫漫，思绪纷乱，各种各样的念头也就

垂鞭信马行

油然而生，产生畏难情绪可以理解。这为尾联的议论做了铺垫。

尾联诗人鼓励童仆莫畏惧路途艰险，也是诗人安慰自己，努力前行。“时平路复平”既有对时局的担忧，也是对国家的希望。只要社会太平，时局稳定，路途也就不遥远、不艰险。

诗人写旅途早行的景色，是通过听觉与视觉结合，动静结合而写的，描绘了一幅寂静清冷的“早行”图。诗人骑马缓行，似睡似醒，朦朦胧胧，思想很多，感慨很深。在诗人心里出发早，路途远，旅途艰辛，这些都曾在脑海闪现，但诗人想的更多的是国家局势、社会太平。心系天下，挂念苍生，这是受了杜甫影响。

作为晚唐时期杰出的诗人，杜牧对朝廷的内忧外患有着较为深切的了解，他的许多诗歌反映了这方面的内容。他在《郡斋独酌》里说自己：“岂为妻子计，未去山林藏。平生五色线，愿补舜衣裳。弦歌教燕赵，兰芷浴河湟。腥膻一扫洒，凶狠皆披攘。生人但眠食，寿域富农桑。”他主张削平藩镇，收复边疆。其“关西贱男子，誓肉虏杯羹”的气概很像后来岳飞的《满江红》。这首诗虽然写“早行”，但是，在着力渲染出早行寂静清冷的氛围后，又写了路途险峻，进而劝慰童仆也鞭策自己要坚定信心。这显示出诗人对朝廷励精图治、重振国威的期望。

旅 怀 作

促促因吟昼短诗，朝惊秾色暮空枝①。
无情春色不长久，有限年光多盛衰。
往事只应随梦里，劳生何处是闲时②。
眼前扰扰日一日③，暗送白头人不知。

>注释

①秾（nóng）：丰硕，丰满。
②劳生：指辛苦劳累的生活。
③扰扰：形容纷乱的样子。

>题解

这是一首在作者游玩时即兴所作抒发情感的诗，因此题为《旅怀作》。可见是一首抒情诗。因为是游玩途中所写，会含有情景交融、寓情于景的手法。在描写景色的同时贯穿了自己的感情，使得感情更加丰富。

赏析

“促促因吟昼短诗”，“促促”，写出有些匆忙，也突出此诗是即兴创作而来。作者情到此时，有感而发。“短诗”，描述了作品的体裁是短诗。（是我国现代为诗规定的一种概念，诗词在十四行内的就是短诗。）

“朝惊秾色暮空枝”，早上的时候还茂盛丰满，到了晚上却变为了“空枝”，形象地描绘出了一种事过境迁的感觉，明明早上还有的，到了晚上却没有了，有一丝惋惜之情。此处，用到了寓情于景的手法。作者以树枝自喻，写出自己昔日辉煌，如今却无处施展的难过与痛苦。

“无情春色不长久”，春色是无情的，但人有情。运用了对比手法，以春色之无情衬托了人之情。“不长久”表现了作者期盼美好的春色可以更长久一些，情更久。

“有限年光多盛衰”，在有限的时光里，变幻莫测，有好有坏，此句是一句典型的抒情语句。“有限”更加写出了作者对生命有限的感慨，作者希望在有限的生命中享受生活。“多盛衰”，表现作者之前的生活经历，没有人会一帆风顺，总会遇到不如意的事，总会有许多的坎坷。也从另一方面，写出了唐王朝的衰落。

“往事只应随梦里”，往事只能在梦中浮现，表现了作者对过去的怀念，以及如今一去不复返的无奈之情。过去的富足的生活，再也无法重现。

“劳生何处是闲时”，辛苦劳累的生活什么时候才会结束，有些抱怨的语气，有些对现实生活的不满，也从侧面表现出对美好生活的向往，对那种悠闲自在的生活到来的期盼。

“眼前扰扰日一日”，呼应了前一句，现在乏味、烦躁的日子，希望快些过去。“日一日”体现出作者度日如年的痛苦，和对世态炎凉的无奈。

“暗送白头人不知”，“暗送”，不知不觉中岁月流逝，白了头。说明作者并不喜爱现在这种生活，想要回到过去，却已无法实现。也是对那些流失的时光的惋惜。

全诗的感情基调都是有一丝哀怨，感慨时间飞逝，好景不长，寄托作者的浓郁的感情。运用的许多修辞手法，将其所要表现的感情，更加地形象化了。

这首诗虽然是在游玩中匆忙所写，但是句句透露出作者的思想和感情。

秋霁寄远

初霁独登赏[1]，西楼多远风。
横烟秋水上，疏雨夕阳中。
高树下山鸟，平芜飞鸟虫[2]。
唯应待明月，千里与君同。

>注释

①霁（jì）：雨雪停止，天放晴。
②平芜：草木丛生的平旷原野。

>题解

这是一首通过大量景色描写抒发作者怀念之情的诗，将情与景融合得恰到好处，不失为一篇借景抒情的佳作。

赏析

从“寄远”二字可以看出，作者想表达的是思念远方友人的情感。全诗借景抒情，情景交融，字里行间都透露着一种难以言表的淡淡的忧伤。语言含蓄典雅，意境清净幽远，又透着一丝萧瑟和凄凉，通过大量的景色描写自然而又清新流畅地表达了作者怀念友人，愿与友人患难与共的情感。而“秋”字在点明创作时间的同时又奠定了全诗略有凄凉的感情基调。每一个字都代表着一个景色和相应的情感。

秋雨刚刚下过后，独自登上台去观赏那雨后的景色，西楼那边常常从远处刮来一阵阵微凉的秋风。淡淡的水汽如同烟雾一般弥漫在水面上方，淅淅沥沥的小雨映衬在傍晚的夕阳下。高高的树上有刚从山上飞下的小鸟，平坦的草地上能看到许多飞来飞去的鸟和虫。唯一值得期待的是晚上天边的明月，在千里之外的你能够与我一同观赏。

全诗开篇的第一句“初霁独登赏”中的“初霁”，指下过雨后的天刚刚放晴，一般来讲的话，应是一个能够令人心情愉悦的景色，然而再看本诗的标题，一个“秋”字，却使本来清新的意境平添了一丝凉意。紧接着，便是随后跟着的这个“独”字，很显然在表达诗人内心的孤寂，一下子感情就明朗多了。如此凄清的景色，再加上作者是独自去观赏，其中的孤独之意便流露了出来。雨后观景，本应愉悦，而诗人却能用一个“独”字使整个句子的情感发生了巨大的转变。后面的一句“西楼多远风”，又从感官角度，表面上写西楼处的天气，实则用风的萧索之意，来表达自己内心的凄凉感受。使整首诗的感情进一步加深。而句中的一个“远”字，同时又与标题中的“远”字相呼应，首联中短短的几个字，看似平淡，但仔细感受，便可在脑海中想象出此时诗人站在观望台上，双眼眺望着远方，头发在凛冽的秋风的吹拂下显得些许凌乱，整个画面给人一种无形的压抑感。

而颔联这两句，首先用了对偶的修辞，工整、简洁又明朗的语言又为图中增添了一抹“色彩”——横烟、疏雨、秋水、夕阳……一个个景色都给人以苍凉之感，让画中人有了一丝寂寞、惆怅之意，给人以更为丰富的画面感，读起来更是让人有一种身临其境之感。淡淡的烟若有若无地飘在秋水之上，淅淅沥沥的雨点在夕阳泛红的光芒下滴落，其中的每一处景物，都含蓄而深沉地表达着作者内心的孤独之情，言在此而意在彼，画面感逐渐加强。杜牧诗的特点大概也体现在此。作者身处在如此凄美的景色中，更加衬托出此时的独身一人，无人陪伴的孤寂感。正所谓此处景语皆情语。同样含蓄婉转地抒发了作者对友人的怀念之情。“秋水”意在形容盼望之迫切，而“夕阳”更是对青春年华易老的慨叹。“雨”同时也表达出了作者的愁思。这两句的景色描写同样也是全诗景色与情感表达的亮点之处，二者结合得恰到好处，让情感的抒发更加婉转而又深刻，与上一句构成层层递进的关系，使情感一步步升华。

全诗用了大量的文字进行景物描写，因此颈联同样是描写雨中的景色。与此同时，全诗中的每一句无不呼应着标题中核心的“秋”和“远”二字，把作者的心灵刻画得生动形象。颈联中的两句描写，既衬托出景色的幽远寂静，同时又有一点把自己比喻成鸟虫的意思，在雨中鸟虫的无助就好像诗人当时的处境一样孤立无援。同时运用对偶的修辞方法使本诗的画面感更加清晰，情感流露更加含蓄，意味深长。

本诗的尾联，无疑是全诗最大的亮点，也是全诗的高潮部分，亦是情感流露最真切之处。诗人的情感在此处毫无保留地达到一个极高点迸发而出。“唯”字表达了诗人对友人的深厚情感，“明月”同样引发作者对月思亲，离愁别绪的思念之情，盼望着能够与友人在夜晚一同赏月的情感。“千里”是在“唯”的基础上情感的更进一步的升华，“与君同”是本诗的情感核心部分，直白地抒发诗人的思念之情。从这可以看出诗人与他的友人感情之深厚，对友人的思念之深，和愿与友人共患难、同生死的感慨。

闺　情

娟娟却月眉①，新鬓学鸦飞②。
暗砌匀檀粉，晴窗画夹衣③。
袖红垂寂寞，眉黛敛依稀。
还向长陵去④，今宵归不归？

>注释

①却月眉：唐代妇女眉型之一。
②新鬓：新梳理的鬓发。
③晴窗：明亮的窗户。
④长陵：出自汉刘向《九叹·惜贤》："登长陵而四望兮，览芷圃之蠡蠡。"

>题解

这首诗是一首闺情诗，题目为《闺情》，直接而清晰地点出了写作对象以及写作背景，然而本诗更妙的还在体现出“以女子来比喻作者自己”的巧妙手法和含蓄情感。

赏析

该诗由平常生活写起，于普通中见深情，以清新朴实的语言，通过一个女子的动作和心理描写，把一个闺中少妇急切盼望丈夫归来的情景，描写得含蓄细腻、楚楚动人，令人读了之后，对她产生深深的同情。

“娟娟却月眉”，起笔描绘了一个闺中女子梳洗打扮的画面，“女为悦己者容”，欲将自己最美丽的一面展现给戍边远征归来的丈夫。漂亮的容颜无人欣赏，身处于男尊女卑的社会制度下，女子，永远都是那么悲哀。“新鬓学鸦飞”，一句点明了闺房中的隐秘事情，新梳理的鬓发无人看，只能默默地梳好又松下。

“暗砌匀檀粉，晴窗画夹衣。”隔夜的脂粉尚未卸去，窗外依然放晴，又是新的一天，远征的丈夫何时归来？新婚伊始，却天涯两别，这样的磨难，是否对于一个新婚女子来讲，太过残酷？只是，朝代的衰败，外族的入侵，国即将灭亡，此时此刻，有国才有家，国灭家

袖红垂寂寞

亡。闺中的女子即使只懂得三从四德，也明白，男儿就该保家卫国，铮铮铁骨，驰骋疆场，才是一个男子毕生的追求。建功立业，封妻荫子，这恐怕是在封建社会唯一能够让家族兴旺的办法吧。

“袖红垂寂寞，眉黛敛依稀。”日子一天天地过去，天上的鸿雁捎不来丈夫的消息，四起的秋风带不走自己对丈夫的思念。窗边的女子，凭栏眺望，欲望到尽头，只是，哪有那么多的如意，边疆不安宁，丈夫就不可能归家，自己又怎能见到日思夜念的夫君？大婚之日的水袖长袍，轻轻垂下，寂寞充斥着闺房，欲诉无人倾听，封建的女子，哪有那么多的自由，哪能像男子般品茶谈理想，喝酒释心声，哪能一醉方休、不问红尘，寄情于自己的世界？封建的女子，不知是何种的悲哀，她们无法创造自己的人生，更加无法决定自己的命运。一朝出嫁，从此以后，只能孤身一人，在夫家相夫教子，丈夫就是自己的天，是自己的一切，只是，豆蔻年华嫁入夫家，狼烟四起，带走了丈夫的人，也带走了丈夫的心，剩下给她的只是无尽的思念与无尽的悲凉。所能够陪伴她的只是韶华的易逝，与不知归期的企盼。愈加的懒散，愈加的寂寞，闺中的女子，何苦如此，为何要哀怨自己的不幸？其实在男尊女卑的社会制度下，离别带来的不仅是孤独和牵肠挂肚的相思，更严重的是可能被遗弃或永远守寡。

“还向长陵去”，望向丈夫出征的地方，思念之情更加深刻，何时才能让新婚的夫妇团聚？于是，便有了“今宵归不归”的疑问，今夜，丈夫能否踏着月光归来？思念已成为了一种习惯，凭窗眺望已成为了一种习惯动作，女子，如同秋叶般无助，她们不能将所有的过错加在昏庸的君主头上，更不能将所有的无助表露在家人面前，她们是多么的可悲，没有自己的人生，无法抉择自己的命运，三从四德的束缚，让她们从此失掉了自我。其实，她们的要求并不高，只是想拥有一个温暖的家而已。

作者以闺中的女子自喻，将女子对丈夫的企盼，对丈夫的思念，含蓄地转化为对国家命运的担忧，以及希望收复国土、重振国家的憧憬。只是，自己的不被赏识、不被重用，让自己的才华无以施展，无法报效国家。自己便是那闺中女子，丈夫便是自己心中挂念的国家，国家就是自己的天，就是自己的一切，舍身为国，真男儿。只是，国君的昏庸，政治的腐败，官吏的勾结，导致了外族的入侵、国土的瓜分，不思收复河山，一味妥协，这样的江山，何以稳固？轻信佞臣，诬陷忠良，如此的统治，怎能敌过时代的变革？荒废的朝政，已击不起千层的浪花，今日的山河，哪里还有盛唐的风姿？哪里还有贤明的伯乐？哪里还有允许自己报效国家的机会？杜牧，心怀天下苍生，却无以伸展，心中积蓄已久的愤懑如何诉说，宦海的黑暗如何冲破，胸中的理想如何实现？

一切都是未知，一切都是虚幻，真实的情感不能真实地流露，只能化女子为自我，以悠悠闺中情，抒发自己内心的不快。

闺中的女子，你的思念只能深深地藏在心中，而杜牧，你的满腔热血，也只能在酒醉后呢喃说出。

过 勤 政 楼

千秋佳节名空在①，承露丝囊世已无②。
唯有紫苔偏称意③，年年因雨上金铺④。

> 注释

①千秋佳节：开元十七年(729)八月五日，唐玄宗为庆贺自己的生日，在勤政楼批准宰相奏请，定这一天为千秋节，布告天下。并以马百匹，盛饰分左右，舞于勤政楼下，又于楼中赐宴设酺，“群臣以是日献甘露醇酎，上万岁寿酒，王公戚里进金镜绶带，士庶以结丝承露囊更相遗问”，千秋节也就成了一年一度的佳节。然而由于玄宗晚年“勤政务本”早成空话，到安史之乱爆发，只得被迫退位，唐王朝江河日下，千秋节也随之徒有虚名了，甚至连当年作为赠送礼物的承露丝囊也见不到了。

②承露丝囊：《续齐谐记》载：“弘农邓绍，尝以八月旦入华山采药，见一童子执五彩囊，承柏叶上露，皆如珠满囊。

绍问：‘用此何为？’答曰：‘赤松先生取以明目。’言终便失所在。”荆楚岁时八月十四日以锦彩为眼明囊，递想饷遗。从此段记载知道，此诗中的“承露囊”，可能就是当时人们借赤松子的“承露囊”而取名的。

③紫苔：是苔藓的一种，长在阴暗潮湿的地方。

④金铺：是大门上的一种装饰物，常常做成兽头或龙头的形状，用以衔门环。用铜或镀金做的，叫金铺，用银做的叫银铺。

赏析

《过勤政楼》是唐代诗人杜牧的咏史名篇之一。此诗讽刺唐玄宗徒好勤政之名，后期只顾享乐而误国，千秋节、承露囊之类都成了千秋话柄。

“千秋佳节名空在，承露丝囊世已无”，诗的第一句说佳节空在，是总论，是描述当今朝廷民间现状；第二句说丝囊已无，则是抓住了“承露囊”这个千秋节最有代表性的物品来进一步补衬，也抓住了第一句的现实，使得“名空在”三字具体着实了，而“名空在”意在为后两句的抒情打下铺垫。

诗的后两句写诗人移情于景，感昔伤今。“唯有紫苔偏称意，年年因雨上金铺”，这两句诗从表面看，写的是景，是“勤政楼”的实景，但细细体味，就会感到这十四个字，字字都饱蘸了诗人感昔伤今的真实情感，慨叹曾经百戏杂陈的楼前，经过一个世纪的巨大变化，竟变得如此凋零破败。可以想象，当杜牧走过这个前朝遗址时，所看到的是杂草丛生、人迹稀少、重门紧闭的一片凄凉景象。诗人不写别的，偏偏从紫苔着笔，这是因为紫苔那无拘无束、随处生长、自得其乐的样子深深地触动了他此时惨淡失意的心情。失意之心对得意之物，自然格外敏感，体味

> 题解

勤政楼原是唐玄宗用来处理朝政、举行国家重大典礼的地方，建于唐玄宗开元八年（720），位于长安城兴庆宫的西南角，西面题曰“花萼相辉之楼”，南面题曰“勤政务本之楼”。杜牧以勤政楼为题，借勤政楼的本意与今意形成强烈反差。

也就更加深刻了。作者以紫苔见意，又从紫苔说开去，用紫苔的滋长反衬唐朝的衰落，小中见大，词浅意深，令人回味。说紫苔上了金铺，是一种夸张的手法。当年威严可畏的龙头兽首，而今绿锈满身，如同长满了青苔一般，这就进一步烘托了勤政楼被人遗忘而常年冷落的凄凉衰败的景象。这里，“偏称意”三字写得传神，“偏”字说明万物凋零，独有紫苔任情滋蔓，好像是大自然的偏宠，使得紫苔竟那样称心惬意。这笔法可谓婉曲回环，写景入神了。

这首诗是诗人在极度感伤之下写成的，全诗却不着一个“悲”字。从诗的整体看，诗人主要采用明赋暗比的方法。前两句写的是今日之衰，实际上使人缅怀的是当年之盛；后两句写的是今日紫苔之盛，实际上使人愈加感到“勤政楼”今日之衰。一衰一盛，一盛一衰，对比鲜明，文气跌宕有致，读来回味无穷。

经古行宫

台阁参差倚太阳，年年花发满山香①。
重门勘锁青春晚②，深殿垂帘白日长。
草色芊绵侵御路，泉声呜咽绕宫墙③。
先皇一去无回驾，红粉云环空断肠。

>注释

①发：绽放。
②青春：时光；年龄。
③呜咽：伤心哽泣的声音，这里指泉水声音小。

>题解

《经古行宫》是一首怀古咏史诗。写诗人经过古行宫时的所见所闻所感，以古行宫及周边的环境为基本内容进行描写，由物感怀，传达浓烈的忧愁、愤懑之情。

赏析

杜牧是一位现实主义诗人，他的思想中有很沉重的忧患意识。面对晚唐王朝的现状，他很想挽救，也很愿意出谋划策去拯救国家。但是苦于无人赏识，他的内心充满了矛盾，因而他的这类怀古咏史诗就表现出了一种涌动不安的情绪。诗中既有深沉而凝重的历史感，又包含激情时人在现实与理想的矛盾中抒发着自己的政治抱负。

诗人大多多愁善感，在登临古迹时免不了会把今昔进行对比一番，抒发个人的感慨，表达一个文人对事物的看法，杜牧也不例外，《经古行宫》就是一个很好的例子。

首联“台阁参差倚太阳，年年花发满山香”。古行宫里的台阁残破不已，伴着几缕欲坠的夕阳所发出的参差的暗光，显得更加凄凉。古行宫旁边的山上，年年山花都会绽放，满山飘香。此联诗人视觉、嗅觉相结合。其中一个“倚”字写出了作者游览的时间是傍晚，“参差”也写出了夕阳发出的暗光是多么的没有活力，“香”似乎给这没有生气的环境增添了一丝活力。

颔联“重门勘锁青春晚，深殿垂帘白日长”。“重门”“勘锁”“深殿”“垂帘”都写出了古行宫的规模庞大、殿宇林立，给人一种深宫叠院的那种无人的阴森压抑的感觉。“晚”既呼应了上联的时间变化，又写出了时光的流逝，人都已经青春不再，但是古行宫却见证着以前的历史。“长”更体现出了那种幽怨的深沉，也说明了古行宫存在的历史之长。同时“晚”和“白日”又是一组对比的写法。

颈联“草色芊绵侵御路，泉声呜咽绕宫墙”。此联运用拟人，写出了古行宫苍凉破败的场景。“侵”字一语双关，既写出了杂草绵连地长在皇帝御行的道路上，又是写外敌侵占古行宫的罪行的见证。“呜咽”运用拟人，以动衬静，将泉水的叮咚声化作人们痛失古行宫，以及现在见到古行宫如此破败不堪时的哀怨伤心的哭泣。细微的泉声也衬托出古行宫此刻的死寂，“绕”字更加体现了诗人这种伤心哀怨的连绵不绝。

尾联“先皇一去无回驾，红粉云环空断肠”。由古行宫往日的雄伟到破败苍凉道出了国家由强盛到衰败的缘由。“先皇一去无回驾”是描写，以“皇帝”代表国家，“一去无回驾”是说国家的强盛已经不复存在，并且再也回不来了。“红粉云环”写出了国运衰微的缘由，就是统治者贪乐享受，不理朝政。“空断肠”直抒胸臆，写出了诗人面对现状，想拯救国家却无能为力的内心的极度苦闷和对统治者的行为的无比愤懑之情！

整首诗描写、抒情相结合，语句优美、真切，情感真挚、强烈。运用拟人的修辞，赋予景物以人的情态，表达更加容易理解。整首诗结构严谨，前后呼应，由外到内，由近及远，由过去到现在。

读韩杜集

杜诗韩集愁来读，似倩麻姑痒处搔①。
天外凤凰谁得髓②？无人解合续弦胶③。

>注释

①麻姑痒处搔：典出《神仙传》："麻姑手爪不似人形，皆似鸟爪。蔡经心言：'背大痒时，得此爪以爬背，当佳也。'"此典原意是蔡经悬想麻姑爪爬背上痒处，舒适、愉快，诗人移作搔心头痒处，酣畅、痛快。

②髓：骨髓，精髓。

③续弦胶：典出《十洲记》："凤麟洲在西海之中，洲四面弱水绕之，鸿毛不浮，不可越也。洲上多凤麟数万，各各为群……亦多仙家，煮凤喙及麟角合煎作胶，名之为续弦胶，此胶能续弓弩已断之弦。"这里不用"凤喙"而用"凤髓"，是特地将新意注入旧典。

> 题解

《读韩杜集》这首诗中旧典活用，有言外之意、弦外之音，又使人回味不已。无论是题旨、意象，还是结构、语言，都呈现特异之处。这首七绝宣示了诗人钻研杜、韩的心得，表达其倾慕、推重之情。

赏析

前两句描叙愁中读杜、韩诗文的极度快感。杜诗韩笔，指杜甫的诗文和韩愈的古文。“愁来”，点明诗人研读杜诗韩笔时的心绪。安史之乱后数十年来，藩镇割据，内战频仍，致使边防空虚，民生凋敝；而吐蕃统治者又占据河西、陇右，威胁京都，河陇人民长期受吐蕃奴隶主奴役之苦。这内忧边患，时刻萦绕在诗人心头，他不可能不愁从中来。这“愁”，是诗人抱负的流露、识见的外溢和正义感的迸泻。“愁来”读杜、韩，说明诗人与杜、韩灵犀相通。他从杜甫的沉郁顿挫和韩愈的精深博大中汲取了睿智、胆识和力量。理性的享受，心灵的快感，使他突发奇想，恍若请古代神话中的麻姑仙女用那纤长的指甲搔着自己的痒处一样。诗人移作搔心头痒处，酣畅、痛快。这匪夷所思的妙喻，是诗人兴到之笔，妙在信手拈来，兴味盎然。

后两句喟叹杜甫、韩愈的杰作无人嗣响。诗人把杜甫、韩愈比作天外飞来的百鸟之王凤凰，赞叹、倾慕之情赫然可见。“续弦胶”典出《十洲记》：“凤麟洲在西海之中，洲四面弱水绕之，鸿毛不浮，不可越也。洲上多凤麟数万，各各为群……亦多仙家，煮凤喙及麟角合煎作胶，名之为续弦胶，此胶能续弓弩已断之弦。”这里不用“凤喙”而用“凤髓”，是特地将新意注入旧典。“髓”是“骨髓”“精髓”。诗人感慨：有谁能得杜诗韩笔的精髓呢？可惜无人能像杜甫、韩愈那样，用如椽的巨笔写出史诗式的杰作了。“续弦胶”，又隐喻能逆挽晚唐倾颓之势的济世方略。日趋没落的晚唐社会犹如断弦的弓弩，其颓势已定。谁也不能用凤髓制得续弦胶，把断了的弓弦续上的。不明言“愁”，而其“愁”自现。这两句，上句设问，下句作答，一问一答，自成呼应，饶有韵味。

这首诗以愁起，以愁结，一前一尾，一显一隐，错落有致，前后呼应。诗中旧典活用，有言外之意、弦外之音，又使人回味不已。

杜牧文学主张的核心是主情重意，故对韩愈、杜甫最为崇拜，除此诗外，《冬至日寄小侄阿宜》诗有云“李杜泛浩浩，韩柳摩苍苍，近者四君子，与古争强梁”，可见其一贯思想。这首诗以巧妙之比喻，抒发了自身对杜、韩诗文的倾慕之情，同时以一个“愁来读”之“愁”字揭明对杜、韩倾慕的关捩乃在于情感性内质的心理共鸣。结尾处慨叹杜、韩后继无人，显见以得其真髓而自许的自得之意。尊杜、韩为一统系，是宋诗派得以确立的基础，而对这一统系的构建乃首出此诗，可见其在文学批评史上之价值。此外，杜牧诗多为宋人赞许，原因亦正在于此。

将出关宿层峰驿却寄李谏义

孤驿在重阻，云根掩柴扉。
数声暮禽切①，万壑秋意归。
心驰碧泉涧，目断青琐闱②。
明日武关外，梦魂劳远飞。

>注释

①暮禽：日暮的归鸟。古代诗文常用以抒发怀旧思乡之情。

②青琐：装饰皇宫门窗的青色连环花纹。闱：古代宫室两侧的小门。

>题解

杜牧不仅文采出众，政治才华也不容小觑。有一次献计平虏，被宰相李德裕采用，大获成功。但杜牧生不逢时，晚唐诸帝才庸，边事不断，宦官专权，党争延续，一系列的内忧外患如蚁穴溃堤，大唐之舟外渗内漏。熟读史书，看透时局，杜牧无法力挽狂澜，只得无奈将一腔悲愤交于酒肆。由此不难看出，此诗正是抒发了杜牧有志难伸，满腹才华却报国无望的抑郁与悲愤。

赏析

《将出关宿层峰驿却寄李谏义》是一首寄给朋友的抒情诗，此诗深切表达了诗人的思乡之情、仕途不顺的愤懑及对国家兴亡的担忧。该诗运用虚实结合的手法，借助各种有象征意义的景物，以含蓄深沉的语言，形象生动地传达出诗人内心丰富的情感世界，堪称抒情诗之典范。

首联为实写。一个“孤”字一语双关，既交代了诗人孤身一人独自在外的现实处境，又体现了他内心的孤独与寂寞。次句景物描写，云雾掩绕着柴门，一片冷清凄凉的感觉扑面而来，带给人一阵阵寒意，进一步体现了诗人的“孤”。

颔联空中飘荡着的声音，正是那日暮的归鸟在急切盼望着归巢。正如王维《归嵩山作》诗云：“流水如有意，暮禽相与还。”但此诗中的暮禽却显得更为急切。“暮禽”比喻诗人自己，深深思念故乡的他，此时却只能孤身一人漂泊在外，以暮禽寄托怀思，呼应前文，更加深了诗人的“孤”。而下一句寓情于景，

数声暮禽切

情景交融，肃杀冷寂的深秋不正是他内心真实的写照吗？

颈联开始转入虚写。碧泉涧是一个满目荒凉的地方，除了一些逡巡的走兽之外，只有遍地沼泽。因此它非常适合在失意的时候来回走走，从北到南，从东到西，能看见的就是一片没有生机的土地，无比凄凉，瑟瑟秋风掠过之时，只想就地打坐，不愿离开。这样一个荒凉的地方却令诗人心驰神往。此句给读者设下小小疑问：究竟是什么让诗人感到如此失意呢？下一句轻松解疑。“青琐闱”是皇宫中的东西，借指皇宫，在这里借代朝廷。“目断青琐闱”表明杜牧仕途受阻，郁郁不得志，却又还抱有一丝希望。此联直抒胸臆，景是虚的，情却是实的。

尾联又是两句虚写。武关，在今陕西省丹凤县，自古为兵家必争之地，素有“三秦要塞”之称。明日就要出关了，诗人心中不免感伤。虽说“明日武关外，梦魂劳远飞”，但在这兵家必争的险要之地，他内心还是会担心大唐的国土安危吧！

全诗散发着悲凉之意，满腔悲愤抒发得淋漓尽致。本诗不仅情感充沛，而且结构清晰，构思巧妙。“扉”“归”“闱”“飞”为韵脚，读起来朗朗上口，节奏感强，不愧为抒情诗之典范。

愁

聚散竟无形，回肠自结成[①]。
古今留不得，离别又潜生。
降虏将军思[②]，穷秋远客情[③]。
何人更憔悴，落第泣秦京[④]？

> 注释

①回肠：连接空肠和盲肠的一段小肠，形状弯曲，比喻思路忧愁盘旋于脑际，如肠之来回蠕动。
②降虏：俘虏。
③穷秋：晚秋，深秋。
④落第：原指科举时代应试不中，又指考试不及格。古代考试放榜，榜上无名称为“落第”。泛指考试不成功或者比不过别人。

> 题解

本诗是杜牧满怀豪情壮志意欲建功立业之际，却因国家的危难、仕途的沉浮而备受打击痛苦悲观，进而引发出对人生诸多愁苦的感叹与深思，痛彻肺腑的情愫令人同情。

赏析

首联描写作者对愁的理解，愁思仿佛暗生于心田，亦好似来自遥远的天际，表现出诗人难以言说的自伤情绪，凄切动人。

颈联诗句雄浑壮阔、萧瑟凄凉，将军痛苦的心情、百姓艰难的生活的担忧仍然折磨着诗人。他面对唐王朝似欲中兴实则无望的模样，表现出忧心如焚，渴望力挽狂澜、济世安民的心愿。

尾联运用设问修辞，直抒落第失落感受，深刻真实，妙于比况，短短几句把忧愁简括而深沉地概括出来。

整首诗表现出来的语言风格朴实无华、简练生动。诗人沉痛、悲凉、忧愁、寂寞、伤感、忧国忧民、伤今悲秋、别恨离愁的情感自然显现出来。全诗风格苍凉、沉郁，品完全文有一种言有尽而意无穷之感。

可惜杜牧有相才，而无相器，又生不逢时在江河日下的晚唐，盛唐气息已一去不返，诸帝才庸，边事不断，宦官专权，党争延续，一系列的内忧外患如蚁穴溃堤，大唐之舟外渗内漏。杜牧死后不过数年，农民起义便风起云涌，再过五十年，江山易帜。“请数系虏事，谁其为我听”，杜牧的才能，湮没于茫茫人海之中。

愁没有形状不可言说，不知如何凝聚亦不知何时消散，却是在身体里自己就凝结而成，古往今来无法留住，待发现时她已翩然而去，在我们经历离别时她又无声而至，从未爽约。将军仍在思念不得已投降的俘虏，回想当年一同奔赴沙场的壮志豪情、朝夕与共的战友知音。在这萧瑟的秋天，我时常念起远方的朋友，有谁会比这更加令人憔悴呢，榜上无名的有志之才在京城独自哀泣。

边上闻笳三首[①]

何处吹笳薄暮天？塞垣高鸟没狼烟[②]。
游人一听头堪白，苏武争禁十九年[③]。

海路无尘边草新，荣枯不见绿杨春。
白沙日暮愁云起，独感离乡万里人。

胡雏吹笛上高台，寒雁惊飞去不回。
尽日春风吹不散，只应分付客愁来。

>注释

①笳：胡笳，一种乐器，类似笛子，出于西北民族地区，汉时传入中原，后在形制上有所变化，将芦叶制成的哨插入管中，遂成为管制的双簧乐器，形似觱篥，是汉代鼓乐中的主要乐器。声音悲伤，有著名的《胡笳十八拍》，音乐委婉悲伤，撕裂肝肠。

②垣：矮小的墙。

③苏武：字子卿，杜陵（今陕西西安）人，是西汉尽忠守节的著名人物。在汉武帝天汉元年，他以中郎将之职奉命出使匈奴。由于匈奴的缑王谋划劫持单于母亲阏氏归顺汉朝，而汉朝的副使张胜牵涉在内，苏武也受牵连。匈奴单于为了逼迫苏武投降，开始时将他幽禁在大窖中，苏武饥渴难忍，就吃雪和旃毛维

生，但绝不投降。单于又把他弄到北海，苏武更是不为所动，依旧手持汉朝符节，牧羊为生，表现了顽强的毅力和不屈的气节。后来，昭帝即位后，汉朝和匈奴和亲，汉朝要匈奴送还苏武等使臣，但单于却谎称苏武等人已经死去。 后来，汉朝使者到了匈奴地区，终于得知苏武依然健在，于是扬言说，汉朝的天子在上林苑中射到一只大雁，雁的脚上系着帛书，帛书中清楚地写着苏武在北方的沼泽之中。单于只好把苏武等九人送还。苏武在匈奴的时间很长，前后共有十九年。

赏析

天色已经迫近黄昏，什么地方在吹着悲伤的胡笳？塞上的垣墙没有狼烟，鸟儿在高高地飞翔。客居他乡的游人听了后发现头发早已花白，苏武也曾被软禁十九年。此诗首句以疑问的方式点出了时间“暮”、地点“塞垣”，以及悲伤的胡笳，与题目照应。笳这种乐器流行于塞北游牧民族中，与“塞垣”“狼烟”契合，也使读者明白了诗人处境便是身居在外。胡笳即胡人之笳，善于表现凄怆、哀怨的情感，富有悠远的穿透力。王维曾在凉州做过节度使，他在《双黄鹄歌送别》中写道：“悲笳嘹唳垂舞衣，宾欲散兮复相依。”立刻便奠定全诗的悲伤的感情基调。“暮”不仅仅是指时间，更是指诗人青春已逝，处于人生的暮年。而后文的“游人”也是诗人自指。“头堪白”也与上文的“暮”呼应。尾句运用苏武的典故，借苏武的经历表达了自己常年待在塞外的悲伤。令狐、杜牧同用苏武事而俱佳，然杜诗止于感叹，令狐便有激发忠义之意，杜不如也，立

> 题解

因为宦海的沉浮，杜牧长年漂泊在外，这几首诗主要描写的是初春边塞的万物萧瑟的景色，悠悠的胡笳声婉转忧伤，由此勾起了长期客居他乡的诗人的思乡愁绪。处于人生暮年的诗人，慨叹时间的流逝，用了反衬、用典等手法抒发思乡之苦。“愁”字为本诗的主基调，“高鸟”“万里人”“胡雏”“寒雁”等多个意象无不体现愁的浓重，难以排遣。

意先浅直矣，固不足言。第二句描写了荒凉、萧瑟的塞外，用了寓情于景的手法，进一步抒发作者的愁苦。

第二首，海路没有期望边塞也长出了新草，枯了的树也不见了，绿杨带来春意。太阳落下，愁思如同浓云一般聚起，只感到是离乡数万里的人。前两句用了对偶的修辞，体现了语言的节奏美，描写了春天万物重生的活泼景象，也点明了此时的季节。“新”“春”采用反衬的手法，以乐景衬托哀情，更突出诗人的愁苦。后两句笔锋一转，由乐景写回了哀情，采用直接抒情的方式，运用了比喻的修辞，形象生动描写了诗人内心的“愁”的程度。尾句最后写出了愁苦的原因，便是“离乡”。身为“万里人”的诗人，倍感思乡之苦。“独”一字也体现了诗人的寂寞与孤独。

第三首，胡人的小孩上高台吹笛子，寒雁惊得一去不回，就连春风也吹不散，只会平白引来思乡之愁。前两句描写，后两句抒情，“胡雏”指明了诗人在边塞，“高台”则描绘荒漠、边塞中的一种荒凉、孤寂的景象，寓情于景，体现作者内心的孤寂。“寒雁惊飞去不回”描写了边塞之地的大雁，“寒”字写出了异乡的寒冷、荒凉，“去不回”在本来就荒凉寒冷的异乡，连大雁都不愿停留，而是飞去远方，一去不归，只留下诗人一人，更能体现诗人的孤寂，为抒发他浓浓的思乡之情奠定基础。“春风吹不散”，用了夸张的手法，表现了作者一种惆怅的心情，化抽象为形象，愁得连春风也不会吹散。“不回”“不散”也体现出诗人的些许无奈，愁得深重。而末句“只应分付客愁来”则是直接抒情，从一个“客”字可以看出来，作者身在异乡，用胡笳的凄凉曲调，抒发了他的思乡之情。

总而言之，这三首无不表现了诗人内心的愁苦、身处他乡的痛苦，离乡的痛苦也一步步加深，思乡之情也一步步明朗。诗中多出现的“暮”表现了诗人对时间消逝、人生暮年的感叹。因为诗人身处边塞，此处的思乡似乎包含了爱国成分。除了情感的深刻以外，诗人清新秀丽的语言自然也应引起我们的注意。

少　年　行①

官为骏马监，职帅羽林儿②。
两绶藏不见③，落花何处期④？
猎敲白玉镫⑤，怒袖紫金锤⑥。
田窦长留醉⑦，苏辛曲让歧⑧。
豪持出塞节，笑别远山眉⑨。
捷报云台贺⑩，公卿拜寿卮。

>注释

①少年行：属乐府旧题，古代诗人一般以此题咏少年壮志，以抒发其慷慨激昂之情。
②羽林儿：指皇帝的禁卫军。
③绶：一种丝质带子，古代常用来拴在印纽上。
④落花：常常比喻漂流不定的游子，或是有识之士未能得到辅助。
⑤猎：通“躐”（liè），踩踏。
⑥袖：藏于袖中。
⑦田窦：西汉武安侯田蚡和魏其侯窦婴的并称。两人均为皇戚，每相争雄。
⑧苏辛：指苏建、苏武，辛武贤、辛庆

忌两对父子，他们都是汉朝时期平叛的名将。见于《汉书》卷六十九《赵充国辛庆忌传赞》。

⑨山眉：喻女子貌美，在这里指即将分别的女子。

⑩云台：即东汉的南宫云台，东汉明帝派人放置光武帝拂过中兴时的二十八员功勋卓著的大将画像的高台，代指表彰功臣。

赏析

首句“官为骏马监，职帅羽林儿”刻画了一个年轻有为的青年军人形象。“骏马”“羽林”表现出此人所能统领的军兵乃是秣马厉兵而非乌合之众，从侧面烘托了少年的气概不凡和意气风发。下一句“两绶”一词乃是用典。《汉书》中记载道：“金日磾两子，赏、建，俱侍中，与昭帝略同年，共卧起。赏为奉车、建驸马都尉……时年俱八九岁。”又是一个很明显的少年即加官晋爵的典故。但随后跟“藏不见”三字，表明此少年并未获此殊荣，下句中“落花”意向更加突出了这一情况，说明少年虽气盛一时，但未能被重用。“落”字同时也表现了失落无奈的情感，“落花”这一意向也化无情为有情。“何处期”表明机遇可遇不可求，与下文“公卿”遥相呼应。下一句“猎敲”两字力度非凡，“怒袖”更直接突出感受，感情由方才的失落进一步变成愤怒，而“白玉”“紫金”则突出了

>题解

中国古典诗歌史上，尽管专门吟咏少年的诗数量不及模山范水、状物言志之作，但这类诗大都写得富有诗味，颇具特色。杜牧的《少年行》就是其中一首。“少年行”，属乐府旧题，古代诗人一般以此题咏少年壮志，以抒发其慷慨激昂之情。

少年的英姿勃发。以上部分表现了一个能为、气度都十分不凡却又郁郁不得志的少年。下文笔锋一转，“田窦”暗指朝中政治斗争，也指名门望族。而前文中踌躇满志的少年却“长留醉”于豪门，看上去似乎成为了一个幕僚，浑浑噩噩，借酒消愁，而一个“长”字也表现出少年的愁情之长。“苏辛”一词代指平叛定边的将军，说明少年仍有“不坠青云之志”，胸怀家国，随时准备为国效力。似乎也正是少年在这被名士举荐，或在政坛上声名鹊起，忽然间就“豪持出塞节，笑别远山眉”了。一个“豪”字，清扫了上文中种种的愤懑和怨气，重新展示了少年的青春豪情和满腔热血。而临别“远山眉”之日，本应该是儿女情长、卿卿我我，但少年却一笑而过，毫无留恋之情，更反衬出他为国立功的心切。而末句“捷报云台贺，公卿拜寿卮”则表现少年期待及早建功立业，传来捷报并像东汉二十八将一样名垂青史，万古流芳。同时向当年提携自己的“公卿”祝寿敬酒。

传说杜牧青年时代考取功名时，因为自己所写的《阿房宫赋》反响极大，从而得到一位大官的提携得以高中，后又进入幕府成为幕僚，但终生怀才不遇，未能得到重用，也未能实现建功立业、重振唐王朝的理想。所以少年的形象更像是杜牧自身的写照和期望。只可惜杜牧生在唐王朝似欲中兴实则无望的时代，面对内忧外患，他忧心如焚，渴望力挽狂澜、济世安民，但无奈时运不济，最终未能有所作为，只能“留醉于花间，蹭饭于幕府”。

晚唐诗歌的总的趋向是藻绘绮密，杜牧受时代风气影响，也有注重辞采的一面。这种重辞采的共同倾向和他个人“雄姿英发”的特色相结合，风华流美而又神韵疏朗，气势豪宕而又精致婉约，从而为我们留下了《少年行》这样精彩的诗篇。

贻 隐 者

回报隐居山，莫忧山兴阑。
求人颜色尽，知道性情宽。
信谱弹琴误，缘崖劚药难[①]。
东皋亦自给[②]，殊愧远相安。

>注释

①劚（zhú）：古同“斸”，用砍刀、斧等工具砍削，亦有“挖掘”之意。

②皋：本义为泽边地。亦指水田、高地。

>题解

此诗是杜牧写给一位隐士的，全诗感情格调平缓，情感含蓄，包含了人生苦乐、进退选择等多方面内涵。全诗围绕隐者展开，情感隐晦含蓄，没有直面抒发情感，却让人思考联翩，勾人心弦，意蕴丰富，富于思考，不失为一篇佳作！

赏析

全诗大意如下：做回山中隐居残生，不再担忧山河兴落。曾辗转求人丢掉尊严，才明白心性旷远豁达。依照乐谱错弹了琴曲，在高崖上采集草药也变得十分困难。东边的田野能供养自己，心中有所失去但却得到了安宁。

首联“回报隐居山，莫忧山兴阑”，直接点出描写对象。隐者回到山林，不计天下兴忧事。简单但是却让读者对隐者隐居的原因、隐者的心境勾起了想象。有些许幽怨，时运不济、志向难伸因而远离尘嚣回归原野找个清静地；抑或有些许恬淡，淡泊名利、归隐还本找到内心的寄托，为自己找到快乐。此句平易简单，但设下了疑问，挑起了阅读兴趣。

颔联“求人颜色尽，知道性情宽”，曾经因循求人，到处奔波，只为理想，不顾颜面；而如今才了解到自己心性广远，自由豁达。前后形成鲜明对比，隐者曾不停追逐于功名，几经辛苦，而终未得成功。站在今日角度上回想过去种

回报隐居山

种，内心复杂，有悔恨、有无奈。这种后知后觉，转眼间韶华已逝的悲凉悔悟，我们同样是经常遇到，此句令我们深思，让我们对人生追求和价值有一番新的认识。使隐者形象得以树立，拉近了隐者与真实读者的距离，让读者亦有所感，可谓妙笔。

第三联“信谱弹琴误，缘崖劚药难”，因信谱而琴误，因常识去高崖上采药也变得困难。也说明人们循规蹈矩、信任权威、不求创新、但求安逸的错误方向会使人一无所获、误入歧途。这也是隐者曾经的影射，劝解人们万不可沿着前人所铺下的路盲目走下，而是应用自己的思考和智慧去探索自己的人生，也只有这样才会成功。

尾联“东皋亦自给，殊愧远相安”，“亦”字或许正是隐者放弃名利而选择隐居的无奈，心中的志向难以实现，想必整个人生都有这个遗憾，但也只好隐居于此，求得些许安宁。言之至此，读者早已被隐者的遭逢所牵挂，他隐居的无奈也深深地感染着读者的心。“东皋”“缘崖”也表现出了作者离开嘈杂世界、醉心于田园生活的安逸恬淡。

送隐者一绝

无媒径路草萧萧①，自古云林远市朝②。
公道世间唯白发③，贵人头上不曾饶④。

>注释

①无媒：没有引荐的人，比喻进身无路。径路：小路。萧萧：萧条、寂静，冷落凄清的样子。

②云林：高入云中的山林，这里指隐者隐居之处。市朝：指交易买卖场所和官府治事所在。

③公道：公平，公正。

④贵人：显贵的人。

> 题解

杜牧虽然对世道怀有愤懑，对仕途满怀抑郁，但并不膜拜高蹈出世，依然充满忧患情怀和救世志向，然而现实早已黑暗，这首诗写隐士的生活，赞美隐士的高行风范，深藏的却是杜牧愤世嫉俗的感慨。

赏析

诗的首句从隐者的居所和处境着笔，称扬隐者的德行。“无媒”二字原意是女子因无人为媒难以出嫁，这里作者用来指士子因无人引见而无法用于世，寄托了诗人的迫切希望。“草萧萧”形象地刻画出正因无引者问津，隐者门可罗雀、无人问津的落寞情形，屋前小路长满了荒草，一片萧索冷落，而其中安贫若素之隐者形象实已呼之欲出。

次句写隐士传统，自古以来隐者乐于洁身自好，远离争名趋利的尘嚣之地，可谓“退不丘壑，进不市朝，怡然自守，荣辱不及”，极表推重之情。

隐者清心寡欲、恬淡自适的生活方式诗人大为欣赏，表达出诗人对隐者的洁行高志，流溢出钦羡、称颂之情。

诗的前两句隐士之题已尽，但惯于邃密思索的杜牧却不甘就此打住，而是于后二句别出新意，从“白发”议论，表现深刻内涵。

末两句从白发落墨，生发健拔高昂的议论，“白发三千丈，缘愁似个长”，白发与忧愁似乎有着不解之缘，社会的压抑使他产生忧愁，难以驱逐的忧愁又使他早生华发。

他叹息英雄无用武之地，痛恨扼杀人才的社会势力，呼吁世间公道，诗人理解隐者的心境，与隐者灵犀相通，命运与共。诗中“唯”字，包含言外之意：除了白发，人世间再没有公道可言，社会不公正，在诗人笔下得到深刻的揭露和无情的针砭。

这是理性的批判，是对当时整个社会现实的有力鞭笞，于寥寥数语、轻逸笔调中含具极深刻思理与极重大主题，同时，以“白发”表征世人归宿，极富人生哲理。隐者“无媒”，固终老“云林”，然“市朝”之中“贵人”亦同样无法避免“白发”，在此“公道”意义上，隐者足可自慰，批斥的锋芒直指不公道的封建社会制度，议论警动，爱憎分明，痛快淋漓而又不乏机趣幽默。

全诗随情感的流动、意绪的变化而呈现不同的节奏和语势：前两句如静静溪流平和舒缓，后两句如滔滔江潮激荡喷涌。

残　句[①]

幽人听达曙[②]，聊罢苏床琴。
鱼多知海熟，药少觉山贫。
土控吴兼越，州连歙与池[③]。
山河地襟带，军镇国藩维。
绿水棹云月[④]，洞庭归路长。
春桥垂酒幔，夜栅集茶樯。
箬影沉溪暖[⑤]，苹花绕郭香。
经冬野菜青青色，未腊山梅树树花。
半破前峰月。

>注释

①本诗写于作者路经江南洞庭湖处。
②幽人：隐士。曙：黎明。
③歙（xī）：通“翕”，收缩，敛息。
④棹：划船。
⑤箬（ruò）：一种竹子。

> 题解

这首诗没有描绘具体的山川景物，而重在表现诗人暂时隐居山间时悠闲自得的心境。诗的总体自然闲静，诗人的形象如同一位不食人间烟火的世外高人，他不问世事，视山间为乐土。不刻意探幽寻胜，而能随时随处领略到大自然的美好。

赏析

“幽人听达曙，聊罢苏床琴。”隐士到了黎明，暂且停止拨动琴弦，作为首句，开篇交代故事背景，描绘出清新淡雅的意境。“土控吴兼越，州连歙与池。山河地襟带，军镇国藩维。绿水棹云月，洞庭归路长。春桥垂酒幔，夜栅集茶樯。箬影沉溪暖，苹花绕郭香。”中间五联细腻地描写了山河风景秀丽，自然风景怡人，使读者陶醉于景色之中。人独坐在幽深乡间弹琴长啸，无人知晓他的存在，只有风、水、月、云、鱼等来相伴。大自然最了解他内心的孤独，自然的清辉带给他一种寂静的快乐。物我合一而物我两忘，禅意与诗情水乳交融。

“经冬野菜青青色，未腊山梅树树花。”“青青”“树树”，运用叠词，使诗句朗朗上口，更有气势。摹色，达到修辞效果，使意象更加确切。语言清丽朴素，形象生动，意境优美，用词准确。形式上增添了语言的韵律美，在内容上更丰富了语言的涵义。体现了“野菜”经过冬天洗礼更加青翠欲滴，“山梅”由于腊月的包装花朵更加绚丽多姿。

“半破前峰月”一句，境界清朗淡远，幽雅恬淡，风华流美而又神韵疏朗，气势豪宕而又精致婉约。收束全诗，让人回味无穷，感悟诗人寂寞似乎又重了……

全诗意境选取清新明朗，能给人以快感的景物来抒写他的情怀，用色彩鲜明而飞动流走感的语言，创造出情景交融的优美诗境，富于诗情画意，意境优美，以畅达的语言传达出自然景物的清新气息，明丽而有立体感的画面给人美妙的艺术感受。

作者对景色进行渲染，对景物做出了多方面的浓墨重彩的正面描绘，突出景色美好的形象。首联运用以动衬静的手法，以动态的景物、喧闹的琴声衬托环境的静谧，并且运用以明衬暗的方法，用光亮的黎明来反衬环境的幽深。

诗中给读者的感觉是，这种淡淡的平易近人的风格，表现了形式对内容的高度适应，恬淡亲切却又不失平浅枯燥。它是在平淡中蕴藏着深厚的情味。一方面固然是每个句子都几乎不见费力锤炼的痕迹，另一方面每个句子又都不曾显得薄弱。这些句子平衡均匀，共同构成一个完整的意境，把恬静秀美的农村风光和淳朴诚挚的情谊融成一片。这是所谓“篇法之妙，不见句法”，“不钩奇抉异……若公输氏当巧而不巧者”，把艺术美深深地融入整个诗作的血肉之中，显得自然天成。这种不炫奇猎异，不卖弄技巧，也不光靠一两个精心制作的句子去支撑门面，是艺术水平高超的表现。

将山水与田园二者结合得更紧密了。形神兼备，物我契合。具有更深厚的思想内涵，寄托了高尚情操和身世之感。笔下景物不仅具化工肖物之妙，又能以清新自然的语言传田园之趣味、山水之精神，在山川风物中融入诗人的感情，即景会心，浑然天成。对宁静、平和、归隐生活的向往，抒发闲适自得的心情。

全诗前后的写景、色调气氛不同，形成鲜明的对比。诗人巧妙地借助景物色调的变化，反映出诗人情绪的微妙变化。转换灵活自如，不着痕迹，朴实无华，浑然天成。

送　别

溪边杨柳色参差[①]，攀折年年赠别离。
一片风帆望已极[②]，三湘烟水返何时[③]？
多缘去棹将愁远，犹倚危亭欲下迟。
莫殢酒杯闲过日[④]，碧云深处是佳期。

>注释

①参差：颜色不一。
②极：尽头。
③何时：什么时候。
④殢（tì）：滞留、纠缠、困于。

>题解

这首《送别》中，春景美丽又凄迷，作者通过“溪边折柳送别”“江边目送风帆”“倚楼不忍离去”和“期望佳期相聚”这几幅画面，将送别的场面和离别的心理，形象生动地展现出来，一联一个画面，既是离别的时间变化，更是情感的缠绵悱恻，也形成了蒙太奇的艺术手法和表达效果。此外前两联为实写，后两联为想象、虚写，期盼团聚，虚实结合间蕴含浓浓的深情厚谊，感人肺腑。

赏析

这是一首七律古诗。唐人常用“折柳送别”和“饮酒饯别”来抒发内心对于朋友或亲人离开的痛苦。首联“溪边杨柳色参差，攀折年年赠别离”，点明离别的地点“溪边”，前一句描写了溪边的折柳颜色不一，后一句表现了对每年的离别的无奈和痛苦。运用了睹物起兴的手法，从而抒发离情别绪，为后文的离别做铺垫。柳是初春的使者，看上去是写景，实际上带来了无限的离别之苦，点明了每年春天，新一年的开始，就要面临着离别，诗的第一句就能够体现出心情，后一句又能体现“折柳”即象征着离别。

古人分别时要折柳相送，这是当时一种很流行的民间习俗，尤其是在文人墨客中，成为一种时尚。诗词中不仅写“折柳送别”这种行动，而且，凡是与柳相关的词语都要拿来抒发分别时的离愁别恨、朋友间的厚意深情。如“柳丝”“柳枝”“柳阴”“柳色”“烟柳”“柳绵”“杨柳”“折杨柳”“杨柳春”“杨柳

多缘去棹将愁远

依依”等等。折柳常见的解释是，“柳”谐“留”音，赠柳表示留念，一为不忍分别，二为永不忘怀。但是，这种解释我们感到很单薄，不足以完全令人信服。折柳送别作为一种非常普遍的文化习俗，恐怕不是一个“谐音”就能解释清楚的。因此，古代就有人从另外的角度探求这其中的缘由。如清朝褚人获在《坚瓠广集》卷四中提出：“送行之人岂无他枝可折而必于柳者，非谓津亭所便，亦以人之去乡正如木之离土，望其随处皆安，一如柳之随地可活，为之祝愿耳。”这种解释是很合理的。柳树和其他树木相比，其特点是“随地可活”，这正可以拿来祝愿远别的人，到了异地后，随遇而安，能够很快地融入当地的人群中，一切顺遂。这一说法便有了深刻的哲理性和更高的文化品味。

颔联“一片风帆望已极，三湘烟水返何时？”问句体现了对亲人的离别的痛苦，对下一次相见的遥遥无期感到无限的悲凉。“望”字体现了盼望家人归来的急切的心情，“一片”与“三湘”对仗，此句还用了比喻的修辞，“风帆”和“烟水”都是自己的亲人，“风帆”是亲人离去时遥远地望着，望到尽头，体现了离别的痛苦；“烟水”是盼望亲人的归来，却又没有日子，体现失落、难耐的心情。

颈联“多缘去棹将愁远，犹倚危亭欲下迟”，这句话体现了虽然想把愁忘掉，但想到自己的亲人却无法将离别相思之愁忘掉。“亭”这个意象表明了内心的舍不得，古代驿道旁置亭，十里一长亭，五里一短亭，送别亲朋好友时往往在亭中设酒饯行，所以长亭也就成了一个抒写离情别绪的意象。如李白《菩萨蛮》“何处是归程，长亭更短亭”，柳永《雨霖铃》中“寒蝉凄切，对长亭晚”等。

尾联“莫殢酒杯闲过日，碧云深处是佳期”。苦闷的情感，内心无法承受离别的痛苦，只有借酒消愁，用酒来度过每天没有亲人在身边的日子。“碧云深处是佳期”体现了对离别后的重逢的期待、向往，“深”表现了漫长的等待。“佳期”是与亲人团聚的无限美好。

“问人间、谁管别离愁？杯中物。”（辛弃疾《满江红》）古人离别多设宴饯行，酒在排解愁绪之外，还饱含着深深的祝福。将美酒和离情联系在一起的诗词多不胜举，如：王维的《渭城曲》中的“劝君更尽一杯酒，西出阳关无故人”，白居易《琵琶行》中的“醉不成欢惨将别，别时茫茫江浸月”等，都是以酒抒写别离之情。所以许多离别诗，都飘散着浓浓的酒香，酒里充盈着亲情、友情。

江上逢友人

故国归人酒一杯[①]，暂停兰棹共徘徊[②]。
村连三峡暮云起，潮送九江寒雨来。
已作相如投赋计[③]，还凭殷浩寄书回[④]。
到时若见东篱菊[⑤]，为问经霜几度开[⑥]。

>注释

①归人：回归家园的人。

②兰棹：兰舟。

③相如：司马相如（汉代），字长卿，汉族，西汉大辞赋家。其代表作品为《子虚赋》，作品辞藻富丽，结构宏大，使他成为汉赋的代表作家，后人称之为“赋圣”。投赋：投壶，是古代大夫宴饮时做的一种投掷游戏。

④殷浩：东晋大臣，字渊源。曾著有文集五卷，《唐书经籍志》《隋书志》作四卷传于世。

⑤东篱菊：指代陶渊明。陶渊明因有“采菊东篱下”一诗，后人以“东篱菊”指代陶渊明。

⑥经霜：经过秋霜，比喻历经考验或者磨炼。

>题解

杜牧的境遇虽然处于没落王朝走向衰亡的时期，但仍然怀有知识分子济世的理想和抱负，这种品质也让他的精神在让人们同情之外，更怀有崇敬之意。这是一首借古抒情的诗，该诗用典抒情，以含蓄深沉的语言，表达出与友人重逢的喜悦以及诗人渴望为国效力的豪情壮志。

赏析

诗首联描写的是旧时友人相见，饮一杯酒，暂时停下小舟一起来回踱步，互相倾诉心中苦闷。是诗人在江上偶逢友人的场面，其中“归人”二字表明二人许久未见，抒发真挚友谊，表达了对友人情感强烈却又难以抒发，将偶逢的喜悦描写得自然而又情真。

颔联描写的是远处的村庄和壮丽的三峡景色，傍晚的云将二者连接在一起，构成辽阔的画面，此时开始涨潮，各处的江水汇集在一起，是下雨前的征兆。“暮”字点明了时间是傍晚，暗示即将天黑。“云”这一意象为作品增添了压抑愁苦的氛围，也为下文天气的阴霾埋下伏笔。一个“潮”字生动地描写出作者的愁苦如潮水涌来，感叹时光易逝、岁月短暂，寄托了绵长的愁苦。“寒”有双关的作用，既写出了天气的变化，也写出了内心的苦闷，和前文的“云”相互呼应。

前两联是实写，写出作者的此时处境，渴望得到朋友的安慰。

颈联中用典抒情言之表明心迹，作者自比司马相如，全身心地投入创作，希望能写出像《子虚赋》那样辞藻华丽、结构宏大的作品以流传后世，同时他也渴望有像殷浩这样的“伯乐”寄来喜讯以欣赏自己的才华，他此时正处于人生的低潮，内心强烈地渴望有一番作为，抒发了作者愿为国效力的豪情壮志。用典使诗词意蕴丰富，庄重典雅，诗句更加凝练，言近而旨远，提高了作品的表现力和感染力。

尾联是作者的想象，幻想着以后的成就与生活，“东篱菊”指代陶渊明，表达含蓄而婉转。感叹时光飞逝，才饮了几杯酒就又要分别了，触动离人情怀，难忘友人的深情厚谊。“霜”字写出了作者的慨叹，人生易老，社会环境又如此恶劣，作者对于人生路途中的坎坷挫折已经不再担忧与逃避。全诗以问句结尾，开启了读者的想象欲望，富有情趣，令人深思。

后两联是虚写，寄托了作者对于生活的美好愿望，也包含了对友人的惜别。

图书在版编目（CIP）数据

中国古典诗词名家菁华赏析. 杜牧 / 马玮主编. —
北京：商务印书馆国际有限公司，2013.9

ISBN 978-7-80103-999-6

Ⅰ. ①中… Ⅱ. ①马… Ⅲ. ①唐诗—诗歌欣赏 Ⅳ.
①I207.2

中国版本图书馆CIP数据核字（2013）第159547号

ZHONGGUO GUDIAN SHICI MINGJIA JINGHUA SHANGXI.DUMU

中国古典诗词名家菁华赏析 · 杜牧

商务印书馆国际有限公司出版发行

（北京市东城区史家胡同甲24号 邮编：100010
电子信箱：*cpinter@public3. bta. net. cn*）

责任编辑：解洪科
责任校对：陈桂杰
封面设计：皓 月
插图临摹：石 径
全国新华书店经销
发 行 热 线：（010）65598498 传真：（010）85118347
编辑部电话：（010）65122489
北京信彩瑞禾印刷厂
字数：210千字
开本：850×1168 1/32 印张：9
2014年1月第1版第1次印刷
定价：19.80元

如有印装质量问题，请与我公司联系调换。